JUAN BOLEA

El manager

punto de lectura

Título: El manager
© Juan Bolea, 2001
© Ediciones B, S.A.
© De esta edición: abril 2002, Suma de Letras, S.L.
Barquillo, 21. 28004 Madrid (España) www.puntodelectura.com

ISBN: 84-663-0642-0
Depósito legal: M-7.688-2002
Impreso en España – Printed in Spain

Diseño de colección: Ignacio Ballesteros

Impreso por Mateu Cromo, S.A.

JUAN BOLEA

El manager

No matter what we get out of this
I Know we'll never forget
Smoke on the water, fire in the sky

DEEP PURPLE

¡La gloria! ¿Qué cosa hay más perniciosa y mortal?
¿Qué cebo más peligroso? ¿Qué vapor más capaz
de trastornar las cabezas mejores?

BOSSUET

Para Belén, Eduardo y Juan

1

Evocando su figura tengo la sensación de que su historia estaba escrita desde un principio. Que David pertenecía a esa clase de hombres atrapados por un destino. Hombres indómitos, agnósticos. ¿Creyó en algo alguna vez?

No le había visto desde hacía un par de años, pero sabía de él por Risco, el redactor jefe de sucesos, el amigo de los muertos, y por otros muchachos de la redacción. Se recordaban en *El Comercial* sus historias de mujeres, su insolencia, aquella manera suya de vestir y mirar a la cara.

Sin que nadie supiera por qué, había abandonado su despacho del centro, aquella empresa de políticos y tráfico de influencias con la que debió de hacer dinero a finales de los ochenta, para recluirse en una vieja casa situada en los cerros, al oeste de la ciudad.

Aunque carecía de verdadero talento, siempre quiso ser un creador. De modo que yo podía imaginarle con aspecto desaliñado, sosteniendo un tazón de café frente a una mesa de tablas, convocando en vano la violencia de la inspiración... Pero algo me decía que mi antiguo reportero volvería pronto a modelar la única arcilla que en sus manos tomaba seductoras formas, el barro de la ambición humana.

Cuando empezó a llover vio la luna derramarse en una herida de sangre. David J. Singra siguió nadando con lentitud. El manantial que abastecía la casa era muy frío.

Un relámpago trizó el cielo. Tronó. Singra permaneció en la piscina cubriendo su largo con rítmicas brazadas. Nadaba con la cabeza dentro del agua, pero de vez en cuando emergía para sentir la lluvia salpicarle la cara.

Como un galope de animales invisibles se abatió el granizo. Singra corrió al porche bajo una lluvia de hielo.

No escuchó el motor. Dos faros amarillos deslumbraron el jardín. El dueño de la casa se arropó con un albornoz y cruzó el sendero hasta la verja. Una sombra avanzaba. No distinguió el rostro hasta que estuvo a un metro.

—Disculpe —dijo el extraño—. Por venir a estas horas. Y con tormenta.

Apartándose, David J. Singra le franqueó la entrada. Acuchillado por corrientes de aire, el interior de la casa revelaba el desorden de un hombre solitario: pilas de discos de vinilo, revistas por las alfombras, cuadros torcidos de estilos distintos.

—¿Prefiere cambiarse? —dijo el visitante—. Puedo esperar.

En pie junto al escritorio, el intruso dejó que la luz lo desvelara oblicuamente. Usaba un traje claro. El pelo, corto y duro, estaba teñido de negro.

—No se inquiete por mí —murmuró Singra.
De un cajón extrajo una botella incolora. Sin ofrecerle, llenó un vaso.

—¿Sabe quién soy?

—He oído hablar de usted, señor Embún —dijo Singra distraídamente; su voz era floja, neutra.

—¿Qué le han dicho?

—Que no tiene palabra, pero paga bien.

La expresión de Jesús Embún se endureció. Singra reparó en la protuberancia de las cejas, que le conferían una apariencia vagamente selvática.

—También yo he oído rumores sobre usted —replicó Embún en un tono en el que se mezclaban la autoridad y el despecho.

Singra notaba el sabor del cloro en la boca, la espalda húmeda, pegada al cuero del sillón. Advirtió:

—Me esperan a cenar en el centro.

—No le aburriré. Cenará usted en la ciudad. He venido a formularle una propuesta. Quiero un escaño en las próximas elecciones. Tenemos seis meses para trabajar. Sé que es poco tiempo, pero también que es usted el mejor.

Embún tomó aliento:

—¿Qué responde?

El agua del pozo era gélida. Singra sentía el frío en la médula de los huesos. Al coger el vaso de licor le tembló la mano. Por el hueco de la ventana, conjurando la oscuridad, un relámpago iluminó los granados del jardín.

—Hay otros especialistas. Mejores que yo.

—No es ésa mi información.

—Hace años que no trabajo.

—¿Jubilado? —sonrió Embún escrutando los lienzos con una mirada viva—. ¿Se dedica a pintar? Mi mujer dibuja, ¿sabe? Acuarelas, cosas así.

Hizo una pausa para rascarse el cuello.

—Le pagaré cinco millones por la campaña. Quince si salgo elegido.

Como un pálpito de ansiedad David J. percibió el calor de la adicción anidando en la cavidad de su estómago, el vértigo y el veneno del éxito. No quiso responder en el acto. Miraba el tafilete arruinado por marcas de tinta y brasas de tabaco. Imágenes en blanco y negro se agitaron en su memoria. Vería la multitud, las cámaras. Y allá arriba el ángel de su sexto sentido, el duende de su inspiración, culpable de su mala fortuna, sonriendo como solía hacerlo cuando ambos creaban un nuevo monstruo. Casi pudo sentir el olor de los estudios, el sabor artificial de los canapés de las madrugadas electorales. Vería el perfil de Rebeca Montenegro revisando el maquillaje del candidato presidencial antes del último debate, y luego, con la rabia ya gastada, los imaginaría a los dos, juntos, en algún lugar discreto, hablando del futuro y acaso de él, de Singra, de cómo evitarle el oprobio.

—Quince millones, Singra.

El asesor regresó al presente.

—Lo siento, y se lo agradezco. No.

—¿Es por el alcalde? Sé que son amigos. Puedo hablar con él. Lo entenderá.

—No insista.

La tormenta estallaba en un sordo fragor. Embún se había levantado y paseaba con las manos a la espalda. Era más ancho y menos alto de lo que en principio había juzgado el asesor. Caminaba con el pecho hacia afuera, como si una lesión de espalda le obligara a impulsar la pelvis. De su ropa emanaba un olor extraño. Habló deprisa:

—Usted no sabe quién soy. Casi nadie lo sabe, en realidad, ni siquiera mi esposa. Me gusta considerarme hombre de acción. No me gusta hablar de mí. Tengo cincuenta y cuatro años. A los catorce, mi padre nos abandonó. Tuve que ponerme a trabajar. A los dieciocho gané mi primer millón. A los treinta compré las Torres Rosadas. Desde los cuarenta figuro en la lista de los veinticinco hombres más ricos del país. Lo tengo todo, menos ese escaño. Por eso le necesito, ¿entiende?

—¿Una vocación tardía? —insinuó Singra, sin simular el matiz irónico.

—Como su amor por el arte —repuso al instante Embún; hizo una pausa y prosiguió, ahogándose—: Se lo explicaré. Le aseguro que sé de qué hablo. Durante los últimos años he sobornado a ministerios enteros. No he conocido a un solo político de raza, salvo, tal vez, Feyto. ¿Cuánto le pagó, por cierto? —Ante la expresión de Singra, Embún se moderó—. Ya sé: no es asunto mío. —Modificó el tono, haciéndolo más ronco, con un barniz radiofónico, ensayado, como quien preludia una declaración solemne—: Quiero entrar en política para hacer algo grande por mi país. Dígame cómo estamos. Sin prestigio, sin impulso, hundidos en la corrupción.

—¿Se ha propuesto salvar la patria?

—Le aseguro que puedo alzar más de una bandera.

—Hasta eso es una cuestión de precio.

—¿Cuánto?

—Estoy retirado, amigo. Acuda a otra agencia. Puedo recomendarle varias.

—Quiero que trabaje para mí. Mejoraré la oferta.

El asesor lo evaluó con calma. Un trueno retumbó muy cerca.

—Su pretensión es irreal.

—¿Por qué?

—El electorado nunca confiaría en un candidato como usted. ¿A cuál de las Cámaras pensaba presentarse?

Embún vaciló.

—Su única posibilidad, y remota, está en el Senado —opinó Singra, luchando contra el átomo de actividad que palpitaba en su interior; también crecía el desprecio—. Usted —añadió con frialdad— sólo tiene dinero.

La entonación de Embún se empozó. Singra se fijó en que al hablar apenas separaba los labios.

—Estoy dispuesto a invertir.

—En cualquier caso, no menos de ochenta o noventa millones.

El empresario lo miró, impertérrito.

—Por mucho menos he comprado a algún ministro. ¿Cuánto para usted?

—Está obsesionado con los ministros. ¿Sabía que yo pude serlo? Treinta por adelantado, gastos aparte. —Singra aguardó a que el silencio asentase su oferta, para agregar—: Piénselo.

—Lo haré —murmuró el visitante, sin mitigar la corriente de ira que ensanchaba su voz—. Créame que lo haré.

Dejó la puerta abierta al salir. Bajo la lluvia de hielo, Singra vio los faros de un automóvil grande alejándose en la noche del solsticio de verano de 1999. Sonrió sin ganas y llamó al perro, que se alejaba persiguiendo al coche.

Yo llegué a su casa más tarde, de madrugada, después de que el chófer se hubiese perdido por las colinas. David salió a recibirme con un paraguas desportillado y aquella sonrisa que apenas lograba ocultar su cinismo. Había bebido, pero lo noté tan optimista y lúcido como en sus buenos tiempos. Como cuando acababa de seducir a otra mujer y me relataba las lujurias de ese amor con los ojos brillantes.

2

—Comprendo... —murmuró Amaral sin comprender porque estaba pensando en los muslos de Vanessa Bocángel.

Sostuvo el auricular contra la clavícula, descansó las botas en la mesa de diseño, distrajo la vista hacia la panorámica urbana. El humo del cigarrillo de hachís le hizo entrecerrar los párpados. Asintió con lentitud, destacando el peso de las sílabas:

—Dos millones de dólares, producción aparte. OK.

Colgó y siguió fumando. Contempló las fotografías de su escritorio. En los jardines de la Casa Blanca, Ronald Reagan y él se estrechaban las manos. Ambos sonreían hacia la cámara. «Como auténticos actores», pensó Amaral. Le gustaba aquella foto. Con el paso del tiempo su imaginación había ido enriqueciendo la escena a base de anécdotas más o menos falsas. Por supuesto, durante el cóctel habían conversado un poco acerca de todo. «Sí, también con Nancy», solía añadir Amaral si había captado el interés de alguna mujer susceptible de acabar la noche en su cama. Pero lo peor había sucedido durante la cena. «Cuando Elton se empeñó en colocarle a Reagan uno de sus pares de gafas...» A veces, Amaral se veía obligado a explicar que «Elton» era Elton John.

«Hasta qué punto puede ser perra la vida», pensó el manager esa mañana porque los periódicos imprimían una foto de Reagan, víctima del mal de Alzheimer. Un anciano con una gorra de baloncesto arrastrándose por los hoyos de un campo de golf...

Volvió a observar las fotografías de la Casa Blanca. Era tan alto como Reagan. Más grueso, aunque no, aún, como para temer por su índice de colesterol. Refulgía al término de los ochenta su infalible sonrisa: el guiño cómplice de un ogro solidario. No acababa de sentarle la barba, pero prefería su rudeza al aire lampiño en que lo desamparaba un riguroso afeitado. David J. solía recriminarle su afición a bigotes y perillas, letales, a su juicio, para un negocio basado en la imagen, en la seducción física. Amaral nunca tuvo en cuenta tales advertencias. Además, Singra no ocupaba ya su despacho del piso dieciséis. Ahora era él, Amaral, quien dirigía en solitario los destinos de la División Musical de Estación Búfalo. La primera compañía, bromeaba, que no había conseguido quebrar en su azarosa carrera. La firma, afirmaba, que debía conducirle a la gloria.

A menudo, según confesaba en sobremesas de licores y porros, su cerebro, la mente miscelánea del manager, se detenía en el recuerdo de David J. Singra, su referencia profesional hasta que alguien —¿Rebeca?— o algo —¿un odio compulsivo hacia lo semejante?— los distanció. Seguían jugando al tenis, aunque cada vez con menos frecuencia, y tomaban alguna copa en sus bares de solteros, donde habían disfrutado noches salvajes; pero ya no era lo mismo. Desde su divorcio, pensaba Amaral, Singra parecía haberse transmutado en un habitante del páramo, en una criatura de ficción, un alienígena. «Lástima de chico —acostumbraba a decir el promotor cuando se aludía a su maestro por cualquier motivo—. Lo suyo era jugar a justiciero en una columna de prensa.»

Sin embargo, no siempre conseguía eludir su influjo. «¿Habría contratado David J. a Michael Jackson por dos millones de dólares?», preguntó Amaral a Antonio Elhombre, su segundo de a bordo, mientras dudaba entre servirse una raya de cocaína o prender un habano. Decidió que ambas frivolidades podían resultar complementarias y procedió a alinear la primera dosis de su jornada laboral. «Con toda probabilidad lo haría», resolvió sin mayores dudas, y sin escuchar a Elhombre, resistiéndose a prender el habano mientras se deleitaba con el aroma de las hojas secas, fuertemente prensadas. No había transcurrido suficiente tiempo como para que la ausencia de Singra se hubiese incorporado a los resortes ejecutivos de la compañía, incluidos los cerebros de Amaral y Hugo Plantagenet, directores de las principales divisiones de la firma. Cuando las circunstancias le situaban frente a una decisión difícil, Amaral padecía aún ese antiguo complejo: «¿Qué habría hecho en mi lugar David J. Singra?».

Esa madrugada había llovido. El cielo lavado irradiaba un puro azul. Desde la planta dieciséis,

Amaral vio gaviotas y palomas planeando sobre las cúpulas de la catedral. El manager aspiró la cocaína. Se le nublaron los ojos.

La noche anterior habían celebrado el cumpleaños de su mujer. Cenaron. Él se acordó de comprar un regalo. Hicieron el amor. Después comenzó a llover. Estuvo horas en la cama, quieto, desnudo, con los ojos abiertos, pensando.

La coca solía reconciliarle con el mundo, pero era temprano para experimentar lasitud. Últimamente se colocaba con rapidez. Se quedó solo en su despacho, en silencio, leyendo a poetas chinos y observando las piezas de arte abstracto que habían costado una fortuna.

Apenas quedaba nada de aquel niño de arrabal, criado en parcela de pobres, sin intimidad ni futuro. Su enfático castellano, sus ropas negras, de diseño, el pelo largo y limpio que le caía en bucles le daban un aspecto pulcro, vanguardista, que inspiraba confianza y estimulaba la tensión, la creatividad de promotores y músicos, predispuestos a impresionarle con nuevos proyectos.

Cuando se tropezaba en la calle con cualquiera de sus hermanos, cuyo aire calé los denunciaba, o con sus amigos de juventud, aquella pandilla de borrachos resacosos del barrio del mercado, célebres por sus enfrentamientos con la policía y con el resto de clanes que se disputaban la autoridad criminal de la zona, experimentaba una sensación de horror.

La última vez, por ejemplo... La última vez que había visto a Amador, su hermano mayor, montado en aquella ridícula motocicleta de reparto, circulando por las inmediaciones del mercado de abastos... ¿Había accedido a detenerse, a hablar con él?... No, ya no... Una fuerza le había oprimido en el asiento trasero del coche conducido por el chófer de Estación Búfalo. Mantuvo la mirada inmóvil hasta que la cazadora de Amador, sobre el manillar de su moto, hubo desaparecido del espejo retrovisor. Su hermano debía de tener alrededor de cuarenta años; aparentaba veinte más. El manager había asistido a su boda y a los bautizos de sus hijos; incluso era padrino de uno de ellos. Pero se negaba a recibir a Amador en la empresa. Ni siquiera permitía que le telefoneara a casa. Odiaba cuanto le recordaba su origen, su sangre.

No debía pensar así, reflexionó Amaral. No, si no quería difuminar los plúmbeos efectos de la coca y del cigarro habano, que lo habían transportado hasta el umbral feliz de los sueños. Ahora debía pensar en sí mismo, en su relajación, en su potencia creativa... y en Michael Jackson. Un gran concierto al aire libre. Un memorable show bajo las estrellas del desierto. «El concierto del siglo», murmuró mordisqueando la punta del puro, como acostumbraba a hacer cuando discurría un título.

—Vanessa —llamó por la línea interior.

Entró una mujer joven con el peinado en cresta y ajustados pantalones de cuero.

—Voy a salir. Tal vez regrese por la tarde. Conectaré el móvil. Anula la audición y la cena con ese crítico. Mañana por la mañana no quiero a nadie en este despacho. —Vanessa asintió anotando algo en su agenda—. Absolutamente a nadie, ¿has entendido?

Su colaboradora volvió a afirmar, sonriendo con alguna cautela; intuía que la estabilidad emocional de su jefe estaba a punto de emprender un nuevo peregrinaje hacia el caos.

—No me dejan hacer nada —protestó Amaral—. Todo el mundo cree que puede verme, entrar aquí, presentarse a cobrar. Ya no hay reglamentos, distancias. No hay clases, ni clase. Sólo impertinencia y vanidad. Estaré en el Casino —agregó.

—No creo que pueda ir —advirtió Vanessa, enrojeciendo.

—Me refería a... —sonrió él—. Te sentaría bien un jacuzzi, tal vez un masaje.

—Lo pensaré. —Vanessa se contempló las uñas, lacadas de azul vampiro—. Hay mucho trabajo. Si sales, ¿quién recibirá a Alba?

—¿A quién?

—La hija de Omar.

—La había olvidado. ¿A la una? —Vanessa lo confirmó en su dietario—. Bien, envíala con el chófer. La estaré esperando en la suite. Y a ti también —sonrió.

A las doce y media su Ferrari derrapaba por la carretera de grava que ascendía al Hotel Casino. Construido en una cima desde la que se dominaban las grises arenas del desierto, era un edificio plano y funcional, cuyo lujo quedaba reservado al interior.

En ausencia de su mujer, cuando necesitaba evasión o compañía amorosa, el manager pasaba allí tumultuosos fines de semana. Tenía a su disposición una suite, que ocupaba con ocasionales amantes. Si no había sido capaz de seducir a alguna nueva aspirante a actriz, cantante, presentadora de TV, el director del Casino, con quien, después de años de favores mutuos, le unía cierta amistad, se ocupaba de proporcionarle anónimas profesionales a las que se permitía frecuentar las salas de juego.

Aunque aparentaba no darle importancia, Amaral casi siempre perdía en las mesas. A menudo, cifras considerables. Le gustaba jugar fumando en un ángulo, sólidamente sentado, con la americana abierta para lucir sus chalecos de fantasía. Cuando hacía un pleno repartía entre los crupieres desmedidas propinas. Obsequiaba a los camareros, al personal del hotel. En el Casino le llamaban, con respeto, «señor Amaral». Para él, aquella cortesía evidenciaba su creciente influencia en el mundo del espectáculo y la comunicación. Desde la retirada de David J. Singra, destrozado por el alcohol y por Rebeca Montenegro, su estrella ascendía con fulgor hacia el firmamento de la fama. No era su dinero, imaginaba, sino su predestinación para la gloria lo que inspiraba en los empleados del Hotel Casino aquella amable servidumbre. A partir de ahora, pensaba Amaral mientras procedía a inscribirse por una sola noche, esa misma reacción debería calar en los miembros de la clase dirigente que buscaban en el Casino evasiones similares a las suyas. Merecer una dimensión social... Ésa sí podía ser una meta. Perder lastre, soltar cada vez más lastre. Tal vez, divorciarse. Tal vez, repudiar a aquellos hermanos y primos cuya piel de color chocolate y ojos de enormes movimientos, como los suyos, se obstinaban en testimoniar su raza.

—Bienvenido, señor Amaral —le saludó la recepcionista—. Aquí tiene su llave. No debería trabajar tanto. Hemos recibido varios mensajes para usted.

3

En el bochorno de la madrugada había despertado sin saber quién era. No le sucedía con tanta frecuencia como antes, cuando tomaba un avión cada veinticuatro horas, cuando dormía cada noche en un hotel distinto. Pero... ¿a quién pertenecía la boca que respiraba junto a él?

Se había levantado sin ruido para liar un cigarrillo de hachís. Fumaba a destiempo, a solas, confiriendo al hábito el matiz de un vicio solitario. Fumaba cuando tenía miedo.

Con un pecho fresa oscuro sobre el pliegue de la sábana y una cobriza cabellera de heroína muerta brillando a la luz de la luna que dibujaba espectros en el ventanal, la mujer ni siquiera era hermosa. Sin despertarla, David rozó sus labios. Olía a tabaco y al pescado crudo que habían cenado en el restaurante japonés.

Supuso que —¿Fátima?— dormiría hasta el mediodía. Podía abandonarla. Lo había hecho con otras mujeres con las que había vivido aventuras residuales. No le diría adiós. Escribiría un mensaje con crema de afeitar en el espejo del baño. Al despertar, ella curiosearía sus álbumes, las dedicatorias de los libros. Y esperaría envuelta en una de sus camisas recalentando una fuente de pasta con orégano (en la despensa no había demasiadas opciones para elegir), aunque... ¿No había dicho ella que no sabía cocinar?

Con unas bermudas rotas, David J. Singra salió al jardín. Caminó descalzo hasta el límite de la valla metálica. Brillaban abajo, en el terraplén, los cascos de cerveza que arrojaba cuando estaba borracho. El monte se hundía en áridos cortados. Los pocos vecinos llamaban a esas torrenteras Barranco de Lobos.

Media hora después comenzó a amanecer. Rodeada por un desierto de cenizas lomas, la ciudad extendía sus rascacielos de vidrio y sus barrios. Las Torres Rosadas destacaban por su altura. Singra había leído en una entrevista que el despacho de Jesús Embún estaba en el último piso. Se entretuvo en contar las plantas mientras recordaba su conversación.

«No —murmuró—. No.»

Había bebido. Desde que lo abandonó Rebeca el alcohol lo anestesiaba contra la memoria o la náusea. El cansancio desapareció en cuanto se arrojó al agua. Estuvo nadando hasta que le dolieron los brazos y un calambre le atenazó el estómago. La claridad volvía con la natación, como si a través del agua nada pudiera hacerle daño.

Preparó café, escribió un mensaje en el espejo del lavabo, buscó las cañas de pescar, las gafas de sol, las llaves del coche. Se vistió en el dormitorio mirando a su amante de esa noche, extraña y rígida, roncando suavemente sobre la cama baja y estrecha. Sacó el coche del garaje. Descubrió los mapas de montaña; estaban en la guantera, donde los había doblado la última vez. Rescató al perro de la caseta donde lo confinaba en su ausencia, o en sus noches de amor mercenario y, silbando una antigua melodía de Ella Fitzgerald, que había muerto en 1996, como sus esperanzas, puso rumbo a la cabaña.

El Volvo color verde musgo se detuvo en la gasolinera del páramo. Durante su primer año de matrimonio, Rebeca había dicho que le gustaría crear una familia numerosa; él se apresuró a adquirir aquel modelo que luego prestarían a los técnicos para transportar equipos de campaña. Cuando se separaron, Singra vendió casi todo, el barco, el local de sus oficinas, pero decidió conservar aquel automóvil que en su momento había simbolizado un proyecto de estabilidad.

Hacía un calor seco. Algunos arqueólogos afirmaban que antiguamente la depresión estuvo cubierta por un mar extinguido. De niño, Singra había descubierto fósiles en las antiguas canteras de caolín.

Le gustaba detenerse para llenar el depósito en aquella gasolinera rodeada de arena gris barrida por un viento que arrastraba capitanas y nubes de polvo hasta las estribaciones de la montaña. A lo lejos, entre los postes de luz, reverberaba el brillo magnético de la ciudad.

Mientras una muchacha vestida con peto vaquero abastecía el tanque, Singra aceptó un café. El distribuidor debía de llevar allí una vida. Como si el combustible hubiese concluido por abrasarle la piel, olía a gasoil. Era un montañés enjuto, con el rostro curtido. La chica compartía su aire solitario. Con aquel hombre, pensó Singra mirando las grasientas estanterías de la garita, no había cambiado diez frases en diez años. ¿Por qué tenía la impresión de conocerle?

En un viejo televisor, mientras bebía su taza de café, vio al presidente Feyto. Muy derecho, pasaba revista a una tropa. Las imágenes procedían de la terminal del aeropuerto. Otro jefe de Estado caminaba junto a él. Menos erguido, también de alpaca oscura. Al fondo de la pantalla se alineaban varios ministros, militares, personal diplomático. Singra no distinguió a Rebeca pero la imaginó aferrada a un maletín de fuelle, cerca del presidente, coordinando el protocolo. La cámara recreó un primer plano de Feyto. Su expresión se había hecho más alerta. El cálido timbre de su voz emitiendo pronósticos sobre el futuro de Europa... Siempre había sabido que Feyto alcanzaría la presidencia. Llevaba escrito el destino de una carrera marcada por el fulgor y el olvido.

Pagó la gasolina. Quiso bromear con la muchacha, pero no le dio pie. «Ni siquiera debe de saber sonreír», pensó Singra. Por oposición, o por el calor que embolsaba el desierto, deseó urdir una aventura con una mujer de fuego, de esa clase de mujeres que le hacían sentirse como al estrenar una camisa cara, como después de un baño en un lago limpio y frío.

Al remontar la cordillera la temperatura descendió. Cerca de la aduana, donde los nietos de los contrabandistas se ganaban la vida trashumando rebaños, la carretera se inclinaba entre bosques de abetos. Nacía la hierba silvestre, la plata del agua. Vislumbró el vuelo de un extraño pájaro. Un quebrantahuesos, quizá.

La estrecha comarcal se convirtió en una pista de tierra. Empleó horas en alcanzar el refugio de piedra granítica donde funcionaba el único teléfono del valle. Cargó víveres y emprendió a pie la ascensión al ibón. El perro corría delante de él. Se sentía lento, aturdido por la altura. Al caer la tarde sus piernas le habían tomado la medida a la senda.

La cabaña seguía en su lugar, junto a la orilla azul cobalto, bajo la sombra de dos abetos gigantes que en invierno se cubrían de nieve y escarcha como árboles de Navidad.

Anochecía. Encendió una hoguera. Saboreó un queso de oveja y, apenas cubierto por una manta, se quedó dormido junto al fuego.

Sabía que iba a ocurrir. Incluso el perro pastor parecía más tímido. Al amanecer, la presencia de Rebeca se reencarnó. Pudo verla entre las sombras del bosque. El ibón estaba imantado a su recuerdo. A los veloces sarrios, a las agujas del circo rocoso. Se habían dedicado allí días perezosos, felices.

Dentro de la cabaña, sobre una mesa de boj, descansaba una foto de ambos. Muy morenos, sonreían con la insolencia de la juventud. ¿En qué lugar habían tomado esa imagen? Singra no lo recordaba. Por la ropa, era invierno. Se adivinaba una ciudad moderna, una de tantas ciudades donde habían trabajado, reído, soñado juntos en que su amor derrotaría a la muerte.

4

Frente a la puerta de su suite Amaral se dio cuenta de que había olvidado el maletín en el coche. Con la orden de que fuese a buscarlo, extendió un billete al mozo.

Conectó al máximo el aire acondicionado, pero seguía sudando y salió a la terraza calcinada por el sol. Un océano de dunas se extendía hasta el horizonte. Había soñado que llegaría a comprar el Hotel Casino. Estaba seguro de que algún día todo aquello sería de su propiedad.

Cuando la habitación se hubo refrescado, disfrutando del silencio, sólo interrumpido por el bordoneo del aire artificial, se quitó la americana y las botas de cuero. Preparó una ginebra con hielo. El botones apareció con la cartera y un mensaje:

—Una señorita pregunta por usted.

—¿Alba Romero?

—En efecto, señor Amaral.

—Que pase.

La piel de la chica tenía una textura áspera, como erosionada por la intemperie. Y una cualidad étnica, esquiva. El manager había sondeado a otras chicas de su clase. Víctimas de oscuros traumatismos sexuales. Hijas de generaciones perdidas. Con talento, pero sin el carisma para convertirse en estrellas.

—¿Te ha traído mi chófer?

—He preferido venir en mi coche —repuso ella con tono aguardentoso. Se quedó mirando la enorme cama con dosel varada en el centro de la habitación—. Por si la cita duraba menos de lo previsto.

—Ponte cómoda —sonrió el promotor, imprimiendo esencias minerales a su sonrisa de ídolo—. Me han hablado de ti.

Había olvidado el nombre de su mentor. Hizo un esfuerzo memorístico, pero sólo consiguió recordar que Vanessa, tal vez, acudiría, como otras veces, al Hotel Casino.

—¿Ha escuchado algo mío? —tanteó ella.

Amaral se desfondó en un butacón de mimbre. Le molestaba el sol. Se levantó e hizo descender los estores. El relieve de la tierra vacía quedó huérfano de cielo.

—Trátame de tú, por favor. Aunque no lo parezca, no he cumplido cuarenta.

Amaral podía palpar la tensión de la chica. El sonido del móvil lo sobresaltó.

—Disculpa, Alba. Hola, George. Sí, has oído bien. Michael Jackson, así es. Octubre, tal vez noviembre. ¿La semana que viene, en Ibiza? Déjame pensarlo, ¿quieres? Te llamaré, chao.

—¿Vas a contratar a Jackson? —preguntó Alba.

—Eso parece —asintió Amaral, halagado, con el aire malévolo que gustaba adoptar cuando la buena suerte comenzaba a orientar sus negocios. Sonrió—: Espero que sepas guardar un secreto.

—Seré una tumba. ¿Te importaría oír algo mío?

Amaral hizo un gesto magnánimo. La muchacha introdujo una cinta en el estéreo.

—El sonido no es muy allá. Grabamos la maqueta con un equipo de programas de ayuda pública.

Amaral asintió, comprensivo. Se arrellanó meciendo la ginebra. El primer tema de Alba Romero («cabría la posibilidad de mantener ese nombre artístico? —se preguntó el experto de Búfalo Records—; ¿no se parecía demasiado a Alfa Romeo?») hablaba, previsiblemente, del desinterés social hacia la revolución anímica y estética que propugnaba la letra.

En circunstancias similares el repertorio escénico de Amaral solía carecer de recursos; tampoco los afinó en esta ocasión. Ocultó el perfil mediante un golpe de cabello que hizo coincidir con el compás y sepultó la mandíbula en el pecho. Cuando murieron los acordes sonrió a la autora, que le observaba inmóvil, y volvió a sumergirse en su falsa concentración mientras trataba de alejar fantasías sexuales. «Tiene que tratarse de la coca», pensó. Sentía que la libido le oprimía como una garra; de cintura para abajo se estaba disolviendo en una materia húmeda, casi viscosa. La chica podía ser un chico y hasta, sospechó Amaral, ocultando su perfil de esfinge bajo los alones de cabello rebelde, resultaba dudoso, según cierto olor en pugna con el ambientador de limón, que hubiera pasado por la ducha esa mañana. No obstante, ahí estaba el resultado: una insurrección sexual pugnando por rendir sus maltrechas defensas morales.

El segundo tema de Alba Romero vendía sexo. Establecida la posición del cantautor frente a la sociedad, proseguía el aullido en la noche del deseo. Amaral tuvo que admitir la calidad de los arreglos, el impacto de una voz que parecía respirar una mezcla de odio y ternura antes de inyectarse bajo la piel.

—Tiene duende —aprobó, acompasando el ritmo con golpes en las rodillas.

—¿Puedo? —murmuró Alba señalando el mueble bar. Él asintió. La chica atravesó la franja soleada de la habitación con aquel aire marcial que la hacía vagamente temible, pero que, intuyó Amaral, se alimentaba sólo de su timidez. Regresó a su butaca para sentarse en posición oriental, con una botella entre las piernas y la mirada fija en el manager.

—De verdad, no está nada mal —la animó él cuando agonizaba el tercer tema—. Se nota que eres hija de tu padre.

Omar Romero había sido un arreglista discreto, fiel al sello discográfico de la compañía. Escribía baladas de amor que nadie editó. Adicto a la heroína, había muerto el año anterior. Amaral creía recordar que Alba era su única hija. Sí... Durante las giras le había hablado de ella, de su afición a la música.

Como siempre que en su razón se mezclaban los tiempos, el cerebro del manager comenzó a navegar entre mareas adversas. Estaban aquellos recuerdos de los cafetines del viejo Madrid, sobre cuyas mesas de mármol el músico Omar desgranaba sus penas y, ahora, de repente, ese sueño que disipaba las brumas de la realidad. Amaral salió a la

terraza. Un sol blanco lo cegó. ¿Cómo no se le ha-
bía ocurrido antes? ¿Cómo no se le había ocurrido
a nadie?

«Necesito una raya», pensó, preguntándose
hasta qué punto se escandalizaría Alba Romero si,
obviando convencionalismos, procediese a cortar
el perico delante de ella. En los tiempos de David
J. sólo fumaban canutos. Nada de coca. Ni siquie-
ra en la campaña de Feyto la habían necesitado, y
eso que permanecieron cerca de dos meses sin
dormir cinco horas continuas. Pero desde el aban-
dono de Singra, con el incremento de responsabi-
lidad que había supuesto su ausencia, precisaba
dosis crecientes.

Un súbito deslumbramiento acababa de arro-
jarle a un pozo de desasosiego interior. Como si
una turbulencia eléctrica convulsionara sus termi-
nales nerviosas, el circuito de su creatividad se co-
nectaba a toda prisa. ¿Sería aquél el escenario que
llevaba una década buscando?

«Anochece. Un gran templo pagano se impo
ne a la soledad del desierto. La luna irradia la últi-
ma noche del milenio. Una explosión cósmica.
Destrucción, música... Inenarrable, absoluto. El
concierto del fin del mundo.»

Su fantasía emprendía la arquitectura de una
superproducción. ¿Interesaría el asunto al mismí-
simo Michael Jackson? Cabría proponerlo, hablar-
lo... Otros se ofrecerían. El fin del mundo en di-
recto. Ingredientes para seducir a las cadenas de
TV. La venta anticipada absorbería cien mil, tal
vez doscientas mil entradas. Una mina de oro...

«O un rotundo fracaso», replicó su inteligencia práctica, escuchando como a través de un filtro otro de los temas de Alba Romero. ¿Aceptaría el riesgo el consejo de Búfalo? Siempre quedaba la posibilidad de alzarse con la producción utilizando cualquiera de sus pequeñas compañías, las mismas que solía accionar discretamente en el entorno de sus grandes operaciones para la firma. «Olvídalo todo / Y juégate la vida», clamaba en ese preciso momento la canción. Quiso imaginar que se trataba de un augurio.

—Daremos un paseo por el desierto.

La chica le miró, resentida.

—¿Un paseo?

—Terminaremos de escuchar la maqueta en el coche.

El Ferrari se descapotó cuando el ordenador digital dictó la orden. Dejaron atrás el cerro donde se alzaba la plana estructura del Hotel Casino, con las terrazas blancas y las palmeras inclinadas por el viento caliente. El techo del deportivo se había disparado en dos fases, crujiendo contra un cielo ardorosamente azul. «Huye hacia un desierto / de dolor en la noche», entonaba la voz de Alba Romero. Arrellanada en el asiento que olía a colonia y a cuero, a una mezcla de gimnasio y oficina de alta dirección, Alba comenzó a sentirse realmente bien, como hacía tiempo que no se sentía. La misma brisa que durante siglos había erosionado esa tierra que fue mar, después lago salado, explicaba Amaral, que había obtenido de Singra esas nociones, y después nada, un cementerio de fósiles, caldeaba sus mejillas proponiendo nuevas sensaciones. Aferrado al volante, Amaral se ocultaba tras unas gafas de cristales rojos, a juego con el coche; había recogido sus rizos en una cola de caballo y mantenía la cabeza erguida, como si un reto imprevisto estuviese a punto de poner a prueba sus reflejos.

—¿Adónde vamos? —gritó Alba por encima de su propia voz.

Hacía un cuarto de hora que habían dejado atrás al último ser humano. Amaral extendió un brazo en un gesto imperial. Alba tuvo que reprimir la risa. Demasiado bajo, el coche rugía dando tumbos por un camino sin aplanar en cuyos arcenes se advertían rodaduras de maquinaria pesada. El terreno era llano, con una vegetación seca, rala. Cuando el motor se detuvo sólo se escucharon la guitarra y la voz. «Sal de tu agujero / Amigo de lo ajeno / Róbame otro sueño / Como la primera vez.»

—¿Hemos llegado?

—Tal vez —murmuró Amaral, limpiándose el polvo de la boca.

Rompió a caminar. Tenía el sol encima. Su cuerpo no proyectaba sombra. El termómetro del coche señalaba cuarenta y dos grados. Alba tuvo la sensación de que acabaría por desintegrarse en un charco de sudor.

—¡Eh, Amaral!

El manager aparentó no oírla. Caminaba con furia por una garganta que se abría a una planicie kárstica. Las punteras de sus botas vaqueras alzaban nubecillas que permanecían en el aire, como si el polvo pesara menos. La muchacha corrió tras él.

—Allá, incrustado en el cerro, como un templo galáctico, el escenario —hablaba Amaral, señalando una ladera—. Una estructura inmensa, como jamás se ha visto. Con televisiones y vídeos gigantes y enormes figuras de los dioses cayendo unas sobre otras cuando estalle el apocalipsis nuclear.

Se quitó las gafas mostrando a Alba los ojos oscuros, fijos como una obsesión en la rasgadura almendrada de sus cuencas.

—La última profecía, Alba, el fin del milenio y del mundo. El desierto se encogerá como un volcán y lanzará un mensaje de muerte y resurrección. Tú y yo estaremos aquí, entre la multitud, para sentir la gloria.

«La gloria», repitió la voz interior de Amaral. Así había replicado a Singra cuando su antiguo jefe le recriminó su desinterés por las giras modestas, por los pequeños conciertos, los bolos, fuente segura de beneficios para Estación Búfalo. «¿Qué andas buscando, imbécil?», había exclamado David J. con aquel estilo suyo, hiriente como un latigazo. «La gloria», había murmurado Amaral.

—¿Has terminado de soñar? —inquirió Alba cogiendo un puñado de tierra. La arena resbalaba entre sus dedos sin desviar su gravedad.

—¿Es un sueño?

—¿Lo es?

—Escribes poemas. Tú deberías saberlo —opinó Amaral—. ¿Cómo andamos de novios?

—No me gustan los hombres.

—¿Prefieres a las mujeres?

—Francamente.

—¿Declararías eso en público?

Amaral observó su cutis de color cacahuete tostado; marcas de un antiguo acné le daban un aire marginal no exento de atractivo. Le había gustado la voz y estaba comenzando a pensar en sus posibilidades comerciales. ¿Por qué no? Podía existir un hueco para Alba Romero.

—Tu padre se sentiría orgulloso de ti —divagó el manager. Fruto de la acción combinada entre su fantasía de fin de siglo y la oportunidad de proyectar una nueva carrera, experimentaba una espiral romántica.

—Mi padre era un pobre hombre —le contradijo ella, con crueldad—. ¿Cuántas veces hablaste con él?

—Éramos amigos.

—¿Por eso fuiste a su entierro?

—Lo lamenté, créeme. ¿Dónde...?

—En Lanzarote. Lo enterramos mi madre y yo. Todos se disculparon. Pude ver su cuerpo en el depósito. Tenía la expresión de desamparo de un perro abandonado.

Amaral guardó silencio; una ola de contrición ascendía por la pirámide de su autoestima. Siempre podría aducir, en su descargo, que en aquella época era David J. Singra quien estaba al frente de la firma, incluida la triste obligación de dar tierra a Omar Romero.

—Rescaté sus pertenencias de una pensión. Compuso varios temas de los que acabas de oír.

—Tenía duende —afirmó el promotor, sin excesiva convicción, alisándose el cabello—. Y demasiado corazón.

Un pájaro enorme atravesó el cielo. Amaral pensó que no sería mala idea enviar una carta a Jackson describiendo el paisaje para su concierto de fin de siglo: un valle sagrado donde habitaron animales prehistóricos y se utilizó por primera vez el fuego. Sí, tal vez Michael podría inspirarse en el origen de la historia, disfrazar a sus bailarines con pieles y huesos, escribir algún tema sobre Caín y Abel. Pero... ¿realmente hubo allí dinosaurios? Amaral calculó que iba a necesitar asesoramiento científico, libros, grabados, fotografías de huellas... O bien, simplemente, inventar todo eso para Michael. Imaginar que millones de años atrás un volcán estalló bajo aquellas gargantas kársticas convirtiendo los ríos en cauces de fuego, inundando de lava la tierra hasta el mar.

Cegado por el sol al observar el vuelo de aquel extraño pájaro que, en efecto, recordaba vagamente a una bestia cuaternaria, Amaral jugó a construir un efecto de cenizas y bocas de fuego sobre el escenario del desierto. Tal vez el show podría comenzar como un espectáculo de luz y sonido, haciendo hablar a faraones y césares, y al mago Nostradamus, cuyo purpúreo manto proyectaría en las pantallas gigantes la tensa inminencia del armagedón. Un prólogo así tendría que disparar la adrenalina de la multitud. ¡Nostradamus! ¿Sería ésa la clave, la figura capaz de interesar a Michael en la última profecía, en el proyecto de Amaral?

—Demasiado corazón —repitió al cabo del rato, consciente de que la muchacha no había pasado por alto sus abstracciones. En los últimos meses padecía vacíos. Era hipocondríaco; lo atribuía al estrés. Vivía con terror a un infarto.

—¿Te encuentras bien? —preguntó Alba.

—¿Perdona?

—Vamos a coger una insolación. ¿Volvemos al coche?

La carrocería se había oscurecido con el polvo. Amaral accionó la capota y encendió el aire. Pero enseguida, inquieto, abrió la portezuela y sacó las piernas.

—No tendrás un canuto.

—Aquí no.

—¿En el hotel? Dejaste el bolso en la habitación.

—Es posible. Sólo que no estoy segura de que me apetezca fumar contigo.

—Tal vez cuando decida editar tu primer disco te apetecerá un poco más.

—Tal vez.

El promotor rebobinó la maqueta de Alba, cerró la portezuela y puso al máximo el aire acondicionado.

—Aborrezco a tu generación.

Iba a añadir algo pero sonó el móvil.

—¿Vanessa, de verdad eres tú? ¿Ya estás en el Casino? Voy para allá, no tardo veinte minutos. Espérame en la piscina con una cerveza muy fría. ¿Cuántos años tienes? —prosiguió, volviéndose hacia la muchacha.

—Veinte.

—Nacida en 1980. Algo después, un tal Tejero tomó a tiro limpio el Congreso de los Diputados. ¿Te suena?

—Vuestros políticos me importan una mierda.

Amaral arrancó el motor. Conducía como quien ha perdido el apego a la vida. En una encrucijada con cuatro flechas orientadas a los cardinales estuvieron a punto de volcar.

Llegaron al Casino. Amaral extrajo la grabación, la agitó, se la entregó y salió del coche. El termómetro del parking marcaba 44 grados.

—¿Nada más? —se sublevó ella.

Clavándole la mirada gitana, el promotor la midió.

—Tu padre nunca fue un pobre hombre. Ni un perro. Era un artista. Jamás vuelvas a decir eso delante de mí.

5

Aquellos meses de verano estaban siendo muy calurosos. Ni siquiera mis frescos trajes de lino, mis camisas de hilo me aliviaban con sensación de frescor. La hiriente luz no declinaba hasta las diez.

Recién encalada, la fachada del convento de Los Mártires, frente a mi despacho, dañaba mi precaria vista. Bajé la persiana para trabajar con la luz de una lámpara de mesa, protegiendo mis ojos con la visera que David J. Singra me obsequió cuando, enfrentándome a parte del consejo, logré ascenderle a redactor jefe. Cargo que ocuparía poco tiempo. Dejó *El Comercial* para dedicarse a extraños negocios que nadie acababa de entender, pero que le hicieron rico.

Una visera de tela verde con una cinta de seda negra... Al vérmela puesta, vagando por la redacción, los jóvenes reporteros buscan mi compañía. Saben que entonces soy más humano, que puedo llegar a mostrarme como un padre. Resulta gratificante su atención, aunque luego tecleen en sus ordenadores pensando que sólo soy una vieja reliquia. David J. Singra me destinaba otro interés. Y, a su vez, solía referirme sus experiencias sexuales. Sabía que eso me excitaba... El juego le obligaba a mentir cada vez más, a intentar alcanzar el límite de su capacidad de seducción...

Cuando Singra regresó de la cabaña sentía la piel tirante y en las sienes el descenso de la presión. Fátima no estaba. Había dejado una nota con mayúsculas y faltas de ortografía.

Se quedó dormido en la hamaca del jardín.

Tostao vino a despertarle a media tarde. En su época dorada había sido campeón nacional del peso medio. Singra le conoció cuando investigaba las finanzas del boxeo. No era su verdadero apellido. Le llamaban Tostao por el sucio color de su piel. Accedió a testificar en el reportaje de Singra y en juicios ulteriores, recibiendo veinticinco mil pesetas del periódico (yo mismo le extendí el cheque) y un escarmiento de los mafiosos a los que había denunciado. A punto estuvieron de pasaportarlo al sueño eterno. Le dejaron la cara hundida con una barra de acero y una rodilla rota que en adelante le obligaría a usar zapato ortopédico. Vivía en Barranco de Lobos de un premio de la lotería. Fue él quien, a doscientos metros de la suya, a través de las piedras y ortigas del monte, encontró la casa que Singra andaba buscando para lamer sus heridas.

David lo percibió entre las brumas del sueño, con su absurda gorra colocada al revés y su camiseta de Hard Rock Café. El estómago le colgaba de las costillas como una palangana de grasa.

—¿Necesitas algo?

El asesor se lo quedó mirando sin decir nada.

—Parece una pradera. Dentro de poco anidarán culebras.

—Siega si te apetece —murmuró Singra, tumbándose boca abajo para seguir durmiendo.

Además de las rentas de su misterioso premio, que David sospechaba producto de un tongo, Tostao sobrevivía realizando para él tareas domésticas. Singra le pasaba unos billetes de vez en cuando.

Sus brazos conservaban la tensión de los años de lucha. Con los ojos llenos de sol, Singra lo vio dirigirse a la caseta de herramientas. Hablaba a las plantas. Era él quien había sembrado los arriates de buganvilla, los granados y las palmeras enanas que bajo los cipreses comenzaban a proporcionar una sombra más densa.

Desde que su mujer había muerto, Tostao ya no corría a la ciudad en demanda de putas o pleitos ni se emborrachaba viendo en televisión programas deportivos, con las fotos de sus olvidados triunfos esparcidas por el suelo. Singra, que había admirado la plenitud de su leyenda, imaginaba que la desesperación había concluido por absorber su energía, abandonando su espíritu como una pila gastada, y que el fantasma de Dios habitaba ya la voluntad de hombre anónimo a que lo había rebajado la evolución de su suerte.

En respeto a la memoria de su mujer, a la que tanto ofendió en vida, Tostao había interrumpido sus contactos con el lumpen de los gimnasios, con las flores marchitas de los burdeles del puerto fluvial. Recibía visita de testigos de Jehová. Su nueva familia le surtía de revistas e inquietudes, de una cósmica fe en cuya estela dejaba volar sueños de resurrección y esperanza.

La presencia de Tostao sumergía a Singra en un oscuro fondo, en una sensación de agobio o derrota. Cuando su mente trabajaba estimulada por los espejismos del alcohol apenas podía resistir su compañía, su torpe rondar por el jardín. El boxeador había aprendido a distinguir esos estados de ánimo. Al intuir que a David le devoraba la ansiedad, recogía las herramientas en el cobertizo y, clavando la mandíbula en el pecho con una bíblica expresión de humildad, se esfumaba hacia su casa.

Cuando el asesor permanecía fuera de la ciudad imaginaba a Tostao empujando la carretilla, abriendo una cerveza que bebería despacio, sentado en el escalón del porche, espantando moscas con la gorra, pensando en nada. Acostumbraba a dejarle una llave, que el boxeador introducía en su llavero de plástico para devolvérsela, como un fiel guardés, al darle la bienvenida junto al perro.

Tostao se marchó a eso de las ocho. Envuelta en una burbuja de aire ardiente la casa quedó vacía. Singra la sintió latir como la bomba de un barco a la deriva. Abrió todas las ventanas por si levantaba brisa al atardecer. Conectó un ventilador colonial de enormes aspas de madera. Preparó una jarra con hielo, agua y limón, y desempolvó un arcón donde guardaba fotografías y dossieres de prensa. Rebeca había sido la encargada de ordenar aquel material de archivo donde se reflejaba una parte de la reciente historia política y económica del país.

La primera referencia databa de 1982. El nombre de Jesús Embún aparecía ligado, en calidad de simple colaborador, al de una candidatura del Partido Socialista. Singra encontró una fotografía de agencia donde se le podía adivinar de medio perfil, aplaudiendo entre un grupo de simpatizantes en el vestíbulo del hotel donde se celebró aquella victoria. Con el pelo ahuecado, traje de solapas anchas y un grueso reloj en la muñeca, parecía mucho más joven. Su gesto era de franco entusiasmo, pero también exagerado, como si llevara una copa o quisiera manifestar una efusión de solidaridad.

Por experiencia, el asesor sabía que la noche electoral deparaba dos tipos de reacciones: el súbito derrumbamiento de los asesores personales, abatidos por el cansancio y la electricidad del poder, y el desconsuelo o la euforia, según el cómputo de las urnas, de militantes y mecenas del partido.

Otras informaciones de archivo le permitieron reconstruir el hilo de su ascendente trayectoria. Las adquisiciones de empresas se sucedían a lo largo de la pasada década. Entre sus propiedades destacaban las Torres Rosadas, buque insignia de su imperio. A partir de los noventa, Embún había diversificado riesgos. Mantenía su atención en el mercado inmobiliario, pero había invertido en alimentación, ganadería, transporte. Aunque no era popular, en los círculos económicos estaba reconocido como un magnate.

Curiosamente, nadie había desvelado su historia. Singra recordó sus palabras: «Ni siquiera mi mujer sabe quién soy.»

El asesor revolvió la casa en busca de un paquete de tabaco. Llevaba meses sin fumar otra cosa que petardos de hachís disuelto en tabaco de pipa; luego aquélla era la señal de que algo grave estaba a punto de suceder. Nunca tenía fuego. En la cocina encontró una caja de cerillas. El fósforo se trituraba entre sus dedos. Prendió al fin el tabaco, que ardió con un chisporroteo, e introdujo el humo en sus pulmones abandonándose a un agudo placer.

Los recortes periodísticos que hablaban de Embún quedaron extendidos sobre la mesa. Singra se acomodó en la butaca de ruedas y comenzó a tomar notas sobre su hipotético cliente. Dedujo que aquel trabajo reunía características adversas. Arrogante, la personalidad del candidato en absoluto iba a facilitar la campaña. Estimó las posibilidades de que Embún resultase elegido: no más de un cinco por ciento. Era utópico, en tan poco tiempo, improvisar un partido político que maquillase aquella aventura individual. Embún debería formalizar sus aspiraciones a la Cámara Alta compitiendo contra las ternas de candidatos oficiales y, tal vez, contra algún otro francotirador. Como ya le había dicho, sólo en las elecciones al Senado el dinero de Embún tenía alguna oportunidad, siquiera remota, de rentabilizar su generosa inversión. Singra sonrió. Embún entre los padres de la patria, allá por las alturas del grupo mixto, interpelando a secretarios de Estado, a ministros. Embún en ruedas de prensa, condenado al histrionismo y al pacto. Embún firmando talones bajo el nombre de su director de campaña.

Desde su mesa, Singra podía ver nubes de mosquitos alrededor de las buganvillas. Diluviaba cada noche. Por las mañanas le despertaba aquel inclemente sol de tormenta.

El asesor espigó la carpeta de las últimas elecciones generales para contrastar datos con estadísticas más recientes. Resultaba notorio que se iba a producir un relevo en el Gobierno. La cuestión residía en ceñir la diferencia a favor de los conservadores. Una mayoría supondría que sus ternas de senadores se impondrían en numerosas provincias, por lo que Embún apenas dispondría de una pequeña posibilidad. En cambio, si los socialistas resistían, tal vez a una candidatura independiente le fuera permitido incrustarse entre ambos partidos, como una tercera vía a nivel local. En cualquier caso Embún, que partía de cero, iba a necesitar alrededor de doscientos mil votos.

No le gustaba el candidato, pero esa sensación no era nueva para él. A menudo había experimentado un íntimo desdén hacia causas que había defendido con profesionalidad, implicándose más allá de lo necesario. Su irónico cinismo le inspiraba a la hora de incorporar a las campañas ese toque personal que le había hecho célebre. El nombre de David J. Singra había alcanzado la cumbre durante la batalla presidencial de Feyto, el más duro y difícil de sus trabajos, el de mayor trascendencia y relieve. Feyto respondió a satisfacción, por encima de su techo electoral. Algunos analistas políticos no dudaron en atribuir su éxito a la estrategia de imagen.

Sobre los datos que consultaba apuntando observaciones en los márgenes de las estadísticas, en las tablas de cada distrito, la mente de Singra había emprendido ya el proceso de creación electoral. Embún debía ofrecer al votante la impresión de un hombre forjado a sí mismo, honesto y resuelto. Pero también un mensaje regenerador y selectivas promesas.

Sería necesario modificar su apariencia, esculpir al personaje, cincelar la voz, atenuar la soberbia, disimular aquellos arcos superciliares que le proporcionaban un aspecto agresivo, casi simiesco.

En el silencio de la casa, sólo interrumpido por el leve zumbido del procesador que había conectado para tabular las poblaciones rurales, trescientos municipios donde el candidato debería difundir su mensaje de refundación democrática, Singra rompió a reír con una carcajada nerviosa. Estaba seguro de que Embún aceptaría su oferta y de que la campaña, al cabo de seis meses de farsa, naufragaría con estrépito. Pero él habría cobrado su parte y se plantearía vivir con desorden el próximo año. Hacía tiempo que acariciaba el proyecto de escribir un libro sobre el régimen político de Islas Seychelles. O instalarse en Sudamérica como consejero de generales populistas en tránsito democrático.

Espió el óvalo de su cara en el espejo modernista que colgaba entre sus cuadros. Un rastro de barba ensombrecía sus mejillas. El pelo, demasiado largo, comenzaba a rizarse en las puntas.

«Debo ponerme en forma», pensó.

La tromba de agua se desplomó cuando decidía ya algunos detalles del maquillaje y vestuario de Embún. Aquellos zapatos de color marfil... Tendría que persuadirle para depilar esas cejas hirsutas, tal vez someterle a alguna intervención menor de cirugía plástica. ¿Qué tal unas falsas gafas de intelectual, lentillas azules, prótesis dentales y otro tinte de cabello? Pero ¿cómo corregir su acento, la voz embrutecida por el hábito de la autoridad, esa molesta salivación, el olor, el rancio aroma que no lograba identificar?

Prendió otro cigarrillo y distrajo la mirada hacia la oscuridad del porche. Golpeando los hibiscos, la lluvia caía en cortinas oblicuas.

Una sombra se incrustó en la ventana. Singra pensó que era un animal. Se movió hacia atrás y derribó una lámpara. La imagen había surgido de pronto, como una aparición. Permaneció allí, tras el vidrio, mirándole.

Era una mujer. Llevaba un ligero vestido sujeto a los hombros por un único tirante.

Singra contempló los sombreados pómulos, la melena oscura y brillante. Colocó la lámpara en su sitio y abrió la puerta.

—¿Es usted el famoso David J.? Lamento haberle asustado. Soy la mujer de Embún.

6

La sauna era pequeña para los dos. En cuanto el terapeuta desapareció por el pasillo de azulejos el manager hizo que Vanessa se instalase a horcajadas encima de él. A cada embestida su trasero casi rozaba el infiernillo de carbón que emitía agua vaporizada con aroma a eucalipto.

No era la primera vez que ensayaban allí acrobacias eróticas. En sus iniciáticas citas habían hecho el amor en la piscina, en el jacuzzi, cuya bañera circular se distinguía desde el ojo de buey de la sauna, incluso en el vestuario femenino, donde estuvieron a punto de ser sorprendidos por una señora a la que, por fortuna, no se le ocurrió descorrer la cortinilla de la ducha donde se ocultaba, como vino al mundo, Amaral.

Mientras se esforzaba en mantener la erección sintiendo deslizarse en sus palmas, satinadas de aceite, la húmeda espalda de Vanessa, timbró la motorola. Desplegó el aparato. Negándose a interrumpir lo que estaba haciendo (o más bien lo que Vanessa Bocángel, reptando ahora por su pecho, estaba perpetrando con él), jadeó:

—Aló.

—Amaral, soy George.

—Aló, George.

—¿Me captas?

—Sí —vaciló Amaral. Vanessa acababa de trazar un arco sobre sus rodillas. El efecto sobre su capacidad de control empezaba a resultar demoledor.

—¿Me captas?

—Mal, George. Estoy atravesando un túnel.

—¿Un túnel, Amaral?

—Voy hacia... Hacia Francia, George.

—¿Quieres decir que estás atravesando la frontera?

—Exactamente, George. He recibido una llamada urgente y...

—Déjalo, Amaral. Yo estoy en Madrid, creo, y tampoco eso tiene demasiada importancia. ¿Me captas? Escucha. Lo de Michael quizá sea posible. —George Díaz aguardó una exclamación de euforia, pero el auricular sólo retornaba confusos suspiros—. ¿Amaral?

—Sí... Gracias, George —murmuró el manager. Arrodillándose en la tarima de la sauna, Vanessa prosiguió con una sabia maniobra; sin aliento, el promotor se derrumbó contra la banqueta—. Es una gran noticia... Cariño, por favor...

—¿Perdón?

—Perdóname tú, George. Estoy conduciendo a través de un túnel... Este maldito teléfono...

—¿Te vuelvo a llamar?

Amaral detectó su enojo. Tuvo un orgasmo que le hizo sacudir la cabeza.

—Ya parece que veo luz, George. Podemos seguir. He estado pensando en algo fantástico. Algo grande de verdad...

—Te estoy perdiendo, Amaral...

—... ¿George? Maldita sea, el hijoputa este...

De pronto, nítido, el timbre chicano de George Díaz.

—¿Me estás mentando a la madre?

—No fastidies, amigo. Me refiero al teléfono, al túnel —tembló Amaral; ahora, sosteniendo el portátil contra el cuello, cogió con fuerza la cabeza de Vanessa para obligarla a levantarse y a salir de la sauna—. George, escucha, tengo algo alucinante. Debes hablar con Jackson de manera inmediata.

—Yo no hablo con Michael. No todavía. Quiero decir con él, directamente, ¿entiendes? Pero puedo hablar con Ivo Nagen si la cosa es seria.

—Lo es, George, puedo jurarlo. ¿Y ese Nagen?

—Su hombre de confianza. Manda mucho.

—¿No sería mejor hablar con Poborska?

—No me hagas reír. Suéltalo ya.

Amaral se extendió sobre su visión del concierto del siglo. Comenzó describiendo el desierto, las huellas de dinosaurios, los petroglifos que sólo podían desentrañarse desde el aire —«¡Cuánto le gustará a Michael verlos desde su avión privado!»—, las tumbas donde se descubrieron restos de hombres primigenios, donde, en definitiva, se inventaron el fuego y la rueda. Se lanzó a especular sobre una producción que pasaría a la historia del rock.

—... Imagínate, George... Tras la explosión nuclear, Jackson abandonará el escenario en un helicóptero bañado en oro, como un Ave Fénix renaciendo en la próxima era...

—¿Sabes de qué estás hablando? —gritó George Díaz cuando Amaral, agotado, quedó mirando sin fuerzas el ojo de buey de la sauna. Por la puerta del vestuario de señoras cruzaba en bragas Vanessa, con su cresta mohicana de color naranja enhiesta en medio del cráneo—. Esa producción no costará por debajo de los dos millones de dólares. ¿Quién pretendes que la financie?

—¿Poborska?

—Los judíos no han pagado una fortuna por la gira europea para que te construyas una mansión. ¿Crees que te estoy engañando? —El tono de George Díaz se había vuelto a encrespar—. Os estoy ofreciendo un concierto exclusivo de Michael Jackson, el próximo 24 de septiembre, a las diez de la noche, en el estadio de tu ridícula ciudad. Porque además de desierto y hombres primitivos hay estadio, ¿no? Salgo para Los Ángeles. Lo tomas o lo dejas.

—Disculpa si te he ofendido. No volverá a ocurrir.

—Chévere. Recuerda: en mi casa de Ibiza la semana próxima.

—Gracias, George. Eres un hermano.

—Te noto acelerado. Conduce con precaución. ¿Has probado el magnesio?

«Necesito una raya», pensó Amaral, desesperado, mientras fingía asimilar las recetas homeopáticas de George Díaz. Recogió la toalla, arrugada a sus pies con manchas del tinte de Vanessa Bocángel. La enrolló a su cintura y, conectando el buzón de voz para disponer de un rato de libre reflexión, se arrastró sudando hasta el vestuario de caballeros. En la enfermería le esperaba una masajista para la segunda sesión del programa Ejecutivos en Forma, cortesía del Hotel Casino con sus clientes vips.

7

Fue como antes, diez, quince años atrás, cuando entornaba la puerta de mi despacho, en la primera planta de *El Comercial*, para confiarme episodios subidos de tono, sus aventureras noches con Risco y los muchachos de sucesos, su aprendizaje carnal.

David J. Singra no era ya aquel narrador desmesurado, estrepitoso, sino un sutil armador de ficciones. No pretendía seducir; sólo transformar en palabras la materia íntima que le resultaba penoso sepultar en su interior.

Del tono de su relato intuí que Singra, maduro para rebelarse contra la cárcel de su soledad, había emprendido, acaso sin saberlo, un proceso de enamoramiento. Lo necesitaba. Desde que Rebeca le había abandonado su estrella no emitía fulgor. Durante todo ese tiempo yo había intentado estimularle, pero se me da mal la caridad. Sabía que sólo su desprecio hacia sí mismo sería capaz de hacerle caminar de nuevo. Eso o una mujer, aunque fuera la mujer de otro, aunque fuera la mujer de Embún...

David me recibía alguna vez en su casa de Barranco de Lobos, cuya desordenada arquitectura se correspondía con su estado de ánimo. Un antiguo granero, un cobertizo, un ángel custodio, melancólico, bajo los cipreses. La finca parecía construida a golpes de improvisación. Un muro encalado, otro con mampostería al aire, una fachada cubierta de pintura rosada, como de Habana Vieja...

El barro del jardín había manchado sus frágiles sandalias, cuyas cintas se anudaban a tobillos de cristal. David sintió un aliento erótico envolviendo el sofá donde ella se había recostado. Tuvo que despejar los asientos de cojines y periódicos, del collar del perro, que rodaba por allí, en medio del abandono del cuarto.

—Mi marido no me lo ha dicho, pero sé quién es usted.

—No recuerdo haber sido tan popular. ¿Cuál es su nombre? ¿Cómo ha encontrado esta casa?

—Natalia. Vive usted lejos —divagó ella. Hizo una pausa para cruzar las piernas—: Seguí a Jesús.

—¿Suele hacerlo?

—Sólo cuando necesito saber con quién está.

—¿No puede vivir sin él o no confía en él?

—No cuando está lejos de mí.

«¿Cuántos años tendrá? —pensó él—. Treinta, pero también puede ser más joven, incluso bastante más joven.» El escote permitía entrever la rotundidad de sus pechos, que flotaban con libertad, a cada movimiento, bajo el tenue vestido de color ámbar. Alrededor de la frente, el cabello, humedecido por la lluvia que seguía cayendo con intensidad, era de un tono castaño que el asesor asoció con la caricia de la madera, con el frescor de un bosque. La mirada era mohína y dulce, de una castidad vulnerable, pero también perversa como el odio de un niño.

—Desde hace algún tiempo mi marido alberga ideas extrañas —expuso ella—. Se siente insatisfecho.

—Yo no lo estaría con una mujer como usted.

A Natalia no le agradó aquel comentario, pero decidió pasarlo por alto. Continuó:

—Sostiene que el mundo de los negocios se le está quedando pequeño. Quiere entrar en política. Y usted, como todo el mundo sabe, es un experto en formar candidatos. Quiero saber si mi marido le ha hecho alguna propuesta en esa dirección.

—¿Por qué no le pregunta a él?

—Lo hice. No quiso responder.

—¿Por qué debo hacerlo yo?

—¿No es usted un caballero?

—Podría equivocarse en eso.

—Si no lo creyera nunca habría venido hasta aquí.

—¿Sola, se refiere? Usted no me conoce —siguió sonriendo Singra. Se dio cuenta de que ese tipo de sonrisa la ponía nerviosa—. Le contestaré si me resuelve una duda.

Natalia asintió. El asesor reparó en sus pendientes en forma de herradura. Lucía una delgada cadena de oro alrededor del tobillo.

—¿A qué huele?

La mujer de Embún pareció confusa.

—Su marido. Cuando se fue dejó un extraño olor.

—Ah, eso —se contrarió ella—. Me costó acostumbrarme. Mandarinas.

—¿Mandarinas?

—Siente debilidad. Hay mandarinas en el salón, en su despacho, en nuestro dormitorio. El olor de la piel se le introduce en las uñas. —Estiró una mueca, como abochornada por ese hábito de Embún—. ¿Me responderá ahora?

—No —contestó Singra, brusco.

El rostro de la mujer se endureció.

—Está acostumbrada a conseguir lo que se propone, ¿no es cierto?

—Así es, señor Singra.

—David. ¿Podemos tutearnos? ¿Tal vez has venido hasta aquí porque temes perder algo valioso?

La mujer de Embún buscó una respuesta. No la encontró.

—¿Perder a tu marido, por ejemplo?

—Las cosas están bien así. No deseo que cambien.

Singra se puso cómodo. La energía sexual que emanaba de aquella mujer mantenía su interés.

—¿A qué te dedicabas antes de casarte, si no es indiscreción?

—Precisamente a lo que me gustaría seguir dedicándome. A nada.

Imágenes convencionales ilustraron la mente del asesor. Natalia Embún despertándose tarde, desayunando en la cama mientras decidía en qué ocupar el día. Jugando al golf en el exclusivo Campo del Sur, cuyos verdes hoyos encarnaban un oasis en la frontera con la sequía y el páramo. Caminando sin prisa frente a escaparates de tiendas de moda.

Algo en su impronta, un aire plebeyo en su belleza descartaba un nacimiento burgués. El asesor se apresuró a inventarle un pasado en el arroyo, suficiente para proporcionar una pátina de educación y exacerbar sus ambiciones sociales. David siempre había odiado a esa clase de mujeres que antes o después acaban por meterse en la cama de hombres como Jesús Embún.

—Agradezco tu sinceridad. Temo que esta conversación está tocando a su fin.

—Escúcheme usted, señor Singra. Tenga cuidado... —«David», la interrumpió el asesor, pero Natalia fingió no oírle—. No toleraré que vuelva a entrevistarse con mi marido. Me da igual si eso perjudica sus intereses. Hay cosas más importantes que una comisión, por cuantiosa que sea. Las elecciones están próximas. Estoy segura de que a un fenicio como usted no le faltará trabajo. Sea cual sea la oferta de mi marido, déjela correr. De lo contrario, se arrepentirá. No vaya a olvidarlo.

Se fue sin despedirse. David la vio cruzar el jardín bajo la lluvia. Los faros de su coche iluminaron la boca del barranco.

En la habitación quedó flotando un perfume de almizcle. Sobre la rozada tapicería del sofá brillaba uno de sus pendientes de herradura. El asesor lo guardó preguntándose si tendría ocasión de devolvérselo.

8

A diferencia de otros periodistas de plantilla que multiplicaban actividades en busca de prestigio y algún ingreso extraordinario que redondease la exigua nómina de *El Comercial* —«Aquí se paga mal, tarde y a veces nunca», solía replicar yo, en mi calidad de subdirector, cuando alguien osaba pedir un aumento—, Quintín Racaj limitaba sus ocupaciones a la redacción. No aspiraba a convertirse en un escritor, ni siquiera en un periodista famoso, como los que presentaban programas de televisión o tenían aventuras con hermosas modelos. Padecía timidez a la hora de hablar en público. Aunque a veces le invitaban, jamás pronunciaba charlas ni asistía a debates radiofónicos. Concentrarse en su trabajo le deparaba una satisfacción que ninguna otra disciplina era capaz de proporcionarle. Carecía de vicios. Podía vivir con su salario mensual, que le alcanzaba para ir al cine dos veces por semana, siempre solo, siempre a películas de acción, y renovar sus camisas de rayas en las tiendas del barrio donde vivía de alquiler.

Durante su larga etapa en la sección de sucesos, Quintín había aprendido las bases del oficio. Bajo la dictadura del necrófilo Risco vio las primeras sangres. Contribuyó a esclarecer un crimen rural y una oscura violación, lo que le hizo merecedor de las felicitaciones del superintendente de la policía. Risco lo recomendó para un contrato laboral como redactor por un año renovable, con derecho a catorce pagas, seguridad social y un mes de vacaciones al que venía renunciando por sistema. Esa actitud enfurecía al resto de sus compañeros, que sospechaban de él como de un infiltrado de la dirección. Le llamaban *el Japonés* o *el Amarillo*. Racaj no respondía a ese cliché. Simplemente tenía mucho trabajo, cada vez más, y no deseaba dejarlo a medias. Era su estilo. Algo lento, pero eficaz.

Cuando se acercaba la hora del cierre resultaba imposible mantener una conversación tranquila en la sala. En medio de una nube de humo, los periodistas machacaban los teclados. Sosteniendo el auricular entre la barbilla y el hombro hablaban a voces con una suerte de desesperada urgencia. Un veterano ordenanza, Juan *Candelas*, servía entre las mesas cafés y bebidas. No se autorizaba el alcohol, pero algunos redactores (debo admitir que me contaba entre ellos) escondían petacas en los cajones de sus mesas de pino.

Al fondo, en teletipos, Quintín Racaj ordenaba sus libretas y fichas sobre baratas estanterías metálicas. Su demanda de espacio propio había sido resuelta por el director, sólo que en lugar de adjudicarle un despacho le habían destinado a la oficina de transmisiones, sin ventana ni ventilación, con el tableteo de los cables de agencia como rumor de fondo y por todo mobiliario un tablero cojo y una silla cuya dureza se encargaba de recordarle el rigor del periodismo de investigación. Racaj había trasladado allí un ordenador, con su impresora, y la vieja máquina de escribir en la que, a finales de los años ochenta, había firmado sus primeras crónicas de sucesos en las páginas de *El Comercial*. Grabado a punta de navaja, en el carro podía leerse el nombre de su primer propietario: «David J. Singra.»

Racaj era demasiado joven para haberle tratado, pero había escuchado historias de labios de los redactores jefes, quizá también de los míos, y leído sus artículos clasificados en la hemeroteca junto con fotografías suyas de diferentes épocas. Singra había dejado el periódico una década antes, justo después de obtener el premio nacional por un reportaje sobre la corrupción que acabó sentando a unos cuantos políticos en el banquillo. Se le recordaba como periodista intuitivo, pionero en la investigación y dotado de cierto talento literario. Los redactores jefes contrastaban la descripción de sus dones con nítidas pinceladas sobre su indisciplina y su gancho con las mujeres.

Mi edad patriarcal me iba haciendo didáctico. Me gustaba glosar ante los jóvenes que aceptaban criarse a mis pechos:

—Ese Singra sí que era un cabrón con pintas.

A menudo Racaj pensaría en David como uno de los modelos que jamás podría emular. Su estilo era otro, muy distinto. Mecánico, seguro, tenaz. Pensaría en él, en «ese cabrón con pintas», cuando golpease su vieja máquina para pasar a limpio sus notas, redactando borradores del reportaje en el que se hallara inmerso. Pensaría que Singra había conseguido el premio nacional.

Con sus limitaciones, la nueva oficina vino a suponer un ascenso para él. Atribuyéndole cierto rango protocolario (el resto de redactores se amontonaba en la mortecina sala), aquella agobiante pecera lo aislaba. Ahora recibía con mayor libertad a sus informadores, que atravesaban la sala percibiendo un alza en su valoración como fuentes confidenciales de *El Comercial*.

Racaj avanzaba lentamente en un caso de corrupción policial, a cuya investigación dedicó el mes de julio.

El calor parecía anidar en los cimientos de la ciudad. Ni siquiera en las riberas del río era posible disfrutar la suavidad de la noche.

Llegó agosto. Según su costumbre, Racaj decidió suprimir sus vacaciones. Presumía que las patrullas policiales quedarían reducidas a la mitad y que, en consecuencia, le resultaría más fácil introducirse en el cesto de las manzanas podridas. Los sindicatos recibieron con amenazas su nueva renuncia, pero el Japonés no se inmutó. Tampoco asistió a la reunión a la que le habían convocado para debatir el asunto.

En sesenta años yo jamás había tomado vacaciones. Así que pasé por su cubículo para decirle, a modo de elogio:

—Si no mete usted la cabeza debajo de alguna falda, como aquel cabrón con pintas de Singra, es posible que llegue a alguna parte, Racaj.

—Gracias, don Leandro —murmuró aquel misógino muchacho, contemplándome con el debido respeto.

9

A veces, pensó el manager cuando el avión hubo tomado altura y la sensación de náusea empezó a desaparecer, debía admitir que Vanessa era imprescindible. Había estado a punto de despedirla en numerosas ocasiones, tantas como su adrenalina se había disparado en los últimos meses por causa del estrés o los celos. ¿Admitiría que en el fondo estaba enganchado?

Amaral se formulaba con insistencia esa cuestión, en la que venía a resumir los conflictos de su vida privada. No tenía otras amantes. Por la señorita Bocángel había abandonado la itinerante función de cazador de talentos, interrumpido su hábito de perseguir al primer par de piernas que aspirase a pisar un escenario. Ahora era un tipo serio, doméstico. Algo así como David J. Singra cuando estaba casado con Rebeca Montenegro y sólo se acostaba, por exigencias del guión, con las esposas de sus candidatos. Bueno, recordó Amaral, a veces también con las hijas.

¿Se había enamorado de Vanessa Bocángel o sólo del sabor de sus pechos? No estaba muy seguro, pero en cuanto hicieron el amor decidió prescindir del secretario de confianza de Singra, imponiendo en su cargo a la que, desde el último concierto de Kiss, era su secretaria y amante personal.

Por entonces, Vanessa llevaba el pelo teñido de verde grillo y cereza, y conjuntos de ropa usada que habría rechazado una institución benéfica. *Boca de Ángel* era muy popular entre los scaffers que recorrían el sur de Europa montando escenarios para grandes conciertos. Amaral sospechaba que había tenido romances con un indeterminado número de aquellos rudimentarios peones a los que a menudo sorprendía en la caseta de producción, en el backstage de cualquier estadio, aprovechando un descanso para beber una cerveza con ella. Vanessa siempre estaba dispuesta a ocuparse de una emergencia, por ingrata o inoportuna que fuese. Esa cualidad vocacional resumía, en la evaluación de su director, sus restantes virtudes técnicas, que también las tenía. La muchacha pertenecía a la clase de profesionales que Amaral deseaba reunir para el equipo de su División Musical. Jóvenes, audaces, dispuestos a todo con tal de arrancar a la historia, aunque fuera a la historia del rock, un pedazo de gloria.

«Necesito una raya», pensó Amaral, desesperado como siempre que pensaba en la gloria, observando con un apunte de pánico el encrespado océano de nubes sobre Europa Central. Aunque llevaba veinte temporadas volando con una frecuencia que de forma matemática lo incluía en las estadísticas de riesgo, no sólo no había conseguido superar el miedo sino que éste parecía ir en aumento. Era en los vuelos cortos donde peor lo pasaba. En los de duración intermedia, como aquel que lo transportaba a Praga, tres o cuatro ginebras podían actuar como anestésico. Iba por la segunda, y por el tercer periódico, cuando, sin poder resistir más, se dirigió al diminuto baño de cola para administrarse la primera dosis del día. De inmediato se sintió mejor.

—Otra ginebra —pidió a la azafata, aunque todavía le quedaba la mitad en el vaso de plástico—. Con hielo y dos raspaduras de limón.

«La primera vez que habían hecho el amor»... La voz del comandante de la nave, esforzándose por amenizar las circunstancias aerodinámicas del vuelo, le distrajo. Estaba perdiendo memoria. ¿Realmente serían el alcohol y la coca agentes asesinos de neuronas? Vagos recuerdos de un hotel y una playa, pero ¿dónde?

En Sevilla... Habían alquilado un coche. Alguien les habló de una playa con ruinas. Barrida por el levante del Estrecho, la arena era tibia. Estuvieron gritando y bañándose entre porosos restos de columnas romanas. Se amaron. Alguien los vio o bien Amaral, en su álgida lucidez, quiso pensar que la sombra que atravesó el cielo de la duna los había estado espiando. ¿Arrancaría de allí la necesidad de exhibir a Vanessa?

Se hospedaron en un antiguo cortijo. Exhausta como su alma, la luz de la luna lo despertó en la semilla de la noche, recostado junto al cuerpo sideral de Vanessa Bocángel. El manager recorrió con dedos temblorosos la piel de su cuello, el hueco que dibujaban sus clavículas, para comprender que se había enamorado de sus pechos y acaso de ella.

Repasó su agenda. Antes de partir, a fin de avanzar en la contratación de Jackson, había hablado con Los Ángeles. También con Colonia, con E Company, la agencia europea de Oskar Poborska, magnate judío del rock y propietario de los derechos de la gira europea de Jackson, una tarta musical por la que se rumoreaba iba a desembolsar, en números redondos, veinte millones de dólares.

En Los Ángeles uno de los mejores contactos de Amaral era George Díaz. El Tico, grande como un armario (su nivel de colesterol le mantenía en un permanente coqueteo con el infarto de miocardio) dominaba una porción del mercado hispano. Tras años de esfuerzo, y gracias a la amistad de productores como Emilio Estefan o Quincy Jones, logró enrolarse en una gira mundial de primer orden. George había sido invitado en alguna ocasión al rancho de Jackson, honor del que podían presumir escasos ejecutivos. Hasta cierto punto se le había autorizado a negociar en primera fase cualquier contratación propuesta desde América Latina, Lejano Oriente o Australia, regiones en las que disponía de redes de agencias locales. La decisión final siempre correspondería al consejo de la empresa creada exclusivamente para el tour, World Concert, en la que participaba el propio Jackson y, a través de E Company, Oskar Poborska.

Desde el aeropuerto, antes de embarcar, Amaral acababa de mantener con George Díaz una de esas conversaciones cruciales en las que se frustra o sustenta un proyecto.

En apariencia, todo iba bien. George se había comprometido a estudiar un concierto exclusivo de Jackson para España, que explotaría Estación Búfalo. Díaz le confió que había conseguido una cita con Ivo Nagen, manager personal de Jacko; en esa reunión intentaría obtener una única actuación en la Unión Europea. George recordó a Amaral que, en principio, por razones de mercadotecnia, Jackson sólo tenía previsto actuar en Europa Oriental, «pero nadie ignora que en Los Ángeles el dólar es el dólar». Amaral captó la insinuación y se lanzó a formular una loca cadena de promesas. Al cabo de unos segundos de barajar cifras dedujo, esperanzado, que George Díaz, al otro lado del Atlántico («¡Dios, eran las siete de la mañana en Los Ángeles!»), estaba considerando la idea. Un único concierto en la Unión Europea para la noche del fin del mundo. Lo dejó en ese punto, como buen jugador que era, sin insistir demasiado ni remachar el mismo clavo.

—Otra cosa, Amaral —agregó la voz de George, antes de colgar—. Fuera de contrato te exigiremos un «sponsor» de trescientos mil dólares. No lo vayas a olvidar. —Siguió un silencio y después la carcajada rotunda del «tico»—. La próxima vez procura no despertarme a estas horas, ¿OK?

«Okey», había murmurado, con un ramalazo de pánico, Amaral. No era la primera vez que obtenía exclusivas a base de comisiones secretas repartidas en el entorno influyente de las estrellas, pero si la producción se disparaba esa cifra iba a pesar como una losa sobre los difíciles cálculos del concierto. Apenas hubo desconectado el móvil experimentó uno de esos vértigos que los promotores tienen el privilegio de sufrir en vísperas de operaciones a doble o nada, cuando la tierra comienza a temblar, a resquebrajarse bajo sus pies.

Obviando sus pequeñas corruptelas y el hándicap de ignorar casi siempre para quién trabajaba con exactitud, los ciento treinta kilos de George Díaz habían supuesto para Amaral, en momentos difíciles, garantía de seriedad o de éxito. Una gestión oportuna de George podía solventar cualquier problema. Amaral sabía que, al margen de las intrigas en el circo del rock, incluso de los resultados económicos de sus operaciones asociadas, él le resultaba simpático. Ambos eran corpulentos, hedonistas, adictos al licor y al amor mercenario. Amaral sospechaba que, además, George era homosexual. En definitiva un gran tipo, bueno de verdad, amigo de James Brown y, en tiempos, de Miles Davis. De lo poco sano que quedaba en el negocio del pop.

Era la una de la tarde cuando aterrizaron en el aeropuerto de Praga. Amaral viajaba con su bolsa de la suerte, un rígido maletín parecido al que usan algunos fotógrafos, cubierto de estampaciones y sellos. Tomó un taxi al Hotel Intercontinental. Su contacto alemán de E Company le había asegurado que Oskar Poborska se hospedaría allí.

Caía un aguacero sucio. Fue directo a recepción.

—El señor Poborska ha salido a comer —le informaron—. Regresará a las cinco.

Amaral confirmó la reserva, subió a su habitación y llamó a su mujer, a la que llevaba sin ver cuatro días (los dos que había pasado con Vanessa en el Casino y una tercera noche en Madrid, también en compañía de Vanessa, que justificó excusándose con los horarios aéreos). Trató de relajarse sumergiéndose en un baño con sales, pero se sentía enjaulado y salió a dar una vuelta.

En unos grandes almacenes compró un paraguas. Cerca del puente de Carlos descubrió un restaurante tirolés. En una mesa frente a una ventana que daba al río comió despacio, disfrutando del sabor de los alimentos, de una sensación de libertad, de distancia. Hasta las cinco anduvo errando entre anticuarios y músicos bohemios que interpretaban versiones de Mozart o de Lennon.

En los balcones, en los escaparates de las tiendas, en quioscos y cafés se percibía la jacksonmanía. Praga era la única ciudad confirmada de la gira mundial, que arrancaría desde allí, como ya lo hizo en 1996.

Amaral recordaba aquel concierto, con la gran estatua de Michael presidiendo la ciudad entre los escombros de un Telón de Acero definitivamente vencido por el espíritu del pop. Auxiliaba a George Díaz, que había logrado introducirse en el equipo de prensa de Jackson y le seguiría toda la gira filmando hasta el último de sus movimientos, hasta el último gesto de sus fans. David J. Singra, entonces al frente de Estación Búfalo, había discutido con los promotores americanos y perdido aquella oportunidad. Amaral no quiso desperdiciar la suya. Viajó en turista, pagándose el billete y la estancia en Praga.

¿Quién iba a decirle —pensaba ahora mientras paseaba por el hall del Intercontinental—, que tres años después regresaría como director de la empresa, con capacidad para organizar un evento mundial?

Oskar Poborska llegó al hotel cerca de las seis. Le escoltaban dos hombres y la chica más sexy que Amaral había visto en mucho tiempo. Más, pensó, que Boca de Ángel. Rubia, con ajustados pantalones de campana, vestía de negro riguroso. A su lado, Poborska, más bajo y mucho más viejo, parecía un híbrido entre Woody Allen y el ordenanza de un hospital psiquiátrico.

Los hombres con aspecto de ejecutivos rockeros recogieron sus llaves y se despidieron camino de sus habitaciones. El manager se presentó.

—Amaral, señor Poborska. De Búfalo, España. He venido exclusivamente para hablar con usted.

—¿Cómo está David J.? —preguntó el magnate, ofreciendo su mano, que el promotor estrechó inclinando la cabeza.

—Ya no trabaja con nosotros —palideció un celoso Amaral.

—¿Lo ha captado la competencia?

—Disfruta de un año sabático.

—Deberíamos imitarle —opinó Poborska dirigiéndose a su compañera, que le sonrió sin entusiasmo.

Amaral tomó aliento y se lanzó al abismo.

—Verá, señor Poborska. Me he propuesto exponerle la idea del año. De hecho, se trata probablemente del concierto del siglo. Un reto que pasará a la historia.

—Sube a la habitación, nena —ordenó Poborska a la muchacha aria que permanecía como una esfinge, escrutando a Amaral con un desprecio palpable—. Tomaremos café en el bar. ¿Me ha dicho su nombre?

Desde la cafetería se distinguía una piscina cubierta cuya superficie, tersa y azul, sugería una nota de color en la severa arquitectura del hotel. Poborska pidió café con leche y sacarina; Amaral decidió renunciar a la marca de ginebra que ya tenía en los labios, inclinándose por un té. Cuando el camarero giró la espalda, Poborska aparentó encogerse en una campana de silencio. Amaral dedujo que se jugaba la operación a una sola carta. No pensó en Singra. «Necesito una raya», pensó, desesperado.

Ni siquiera horas después, ya tranquilo en la soledad de un parque, acertaría a recordar sus palabras, aquellos pasajes que, imaginaba, habían impactado al judío.

Tomando la taza entre ambas manos, como dando calor a un pájaro herido, Poborska había consumido su café a pequeños sorbos. Poseía una de esas miradas incoloras detenidas en un tiempo interior. Para evidenciar pleitesía, Amaral había inclinado el cuerpo de modo que su interlocutor pudiera estudiarlo desde arriba, como a un subalterno.

En la descripción del desierto alcanzó el manager su máxima inspiración. Como si el eco de un Sinaí llamase a su memoria genética, Poborska bebió sus adjetivos redentores, sus proféticos párrafos, aquella parafernalia de fin de siglo labrada con la materia de la destrucción, la música, los sueños. Una breve dilatación de las aletas de su nariz ratificó al promotor que la vía mágica de la comunicación inteligente había sido establecida. La cabeza de carnero de Oskar Poborska emprendió un movimiento pendular y hasta pareció que su mirada vengadora animaba un destello de dulzura o de risa.

—Sugerente —murmuró cuando Amaral, con la boca seca, precisó un respiro en su oratoria—. Prosiga.

Amaral encadenó nuevas frases sintiéndose flotar. Por encima del aura de Poborska, cuyo amarillento pelo brillaba al contraluz, le deslumbró una visión. Con paso altivo una mujer sobrenatural, enfundada en un bañador añil, caminaba por el filo de la piscina. Era la nena de Poborska, adivinó Amaral, la misma que le había mirado como a un representante del Tercer Mundo.

Fue su único error. Poborska se percató de que algo le había distraído. Volvió el perfil y averiguó el motivo. Un leve parpadeo advirtió que aquel terreno estaba vedado siquiera a la imaginación.

La entrevista se prolongó. Un convincente Amaral emprendió el análisis de la producción, en cuyo estudio había empleado, de manera obsesiva, la última semana. En el dossier que traía para Poborska se incluían planos del escenario, decorados, estudios climatológicos, una detallada nómina de medidas de seguridad —que exigirían doscientos cincuenta o trescientos hombres, además de la policía urbana—, y un reportaje gráfico del lugar elegido en el desierto mediterráneo, cuna de dinosaurios y antiguas civilizaciones paleolíticas.

Al término de su exposición Oskar Poborska insinuó una sonrisa.

—Dentro de unas horas enviaré un fax a Los Ángeles.

—Gracias —musitó Amaral.

—¿Se marcha hoy?

—Si no me necesita, esta noche.

—Traslade mis saludos a Singra. En cierta ocasión hizo algo importante por mí.

Educadamente, Amaral se interesó por la naturaleza de aquella gestión.

—Me libró de mi primera mujer —reveló Poborska, mostrando al sonreír dientes cariados—. Encargamos unas fotos comprometidas. Así, el divorcio resultó más justo. En las fotos salía él, Singra. Con mi primera mujer, ¿entiende? O puede que fuera la segunda, estoy perdiendo memoria. Aquella aventura pasional tuvo lugar en Islas Caimán. ¿Conoce el archipiélago?

Amaral sacudió la testa.

—En el Caribe poseo algunos hoteles bastante confortables. Espero tener ocasión de invitarle. Quizá firmemos allí el contrato. ¿Se marea en barco? Haremos una travesía a bordo de mi nuevo yate. Me gusta usted. Sí, realmente me agrada. Transmite ilusión, energía. Voy a decirle una cosa: a Michael también le caerá bien. ¿No opina que es un genio?

—Desde luego —había dicho Amaral.

10

La voz de Rebeca Montenegro sonó al otro extremo del hilo. David temía ese instante. En los orígenes de su relación con Feyto, allá por las últimas elecciones generales, todavía mantuvieron una inclasificable relación. Después se desbordó el rencor.

No había logrado olvidarla. Una y otra vez regresaba a sus sueños la escena en que Rebeca había dictado sentencia. Era capaz de repetir las palabras con las que ella había roto su nexo. Debía de estar ciego, absorto en la campaña. Ni le había cruzado el pensamiento la idea de que entre su mujer y el candidato Feyto, justo delante de él, estuviera naciendo algo serio.

—Hola, David. Necesito hablar contigo. En son de paz.

La imaginó despierta, activa; un cigarrillo humeando junto al teléfono.

—¿Ahora?

—¿Por qué no? Terreno neutral.

Aceptó una cita en las Torres. Sentía tales deseos de verla, de tocarla, de respirar su perfume que no le importó demasiado arriesgarse a que Embún le sorprendiera merodeando por sus dominios. Pero al volante, camino de la ciudad, se reprochó su imprudencia. Planeaba encontrarse con Embún a principios de la semana siguiente, habiéndole dado tiempo para rechazar, con indignación, su oferta; el asesor suponía que luego, poco a poco, iría aceptándola como la menos mala de las opciones posibles. Habría sido más seguro citarse en otro sitio.

Rebeca esperaba en una mesa del fondo, ante un café con nata y un hojaldre relleno de crema. Llevaba el collar de coral que él le había regalado. Su sonrisa seguía siendo luminosa y franca como una buena noticia. David la besó rozándole la comisura de los labios, brillantes de cosmético. De modo automático reprodujo su imagen con Feyto en la cama de su antiguo apartamento. Esa visión grabada a fuego lo distanció. La contempló de otra manera.

Rebeca estaba preguntando por el perro pastor. Al parecer, pensó David con amargura, un boxeador y el cachorro que ella había alimentado resumían el universo de sus afectos. En su entorno no había nadie. A los muchachos del periódico apenas los frecuentaba, y nada sabía de su antiguo equipo de campaña.

Desde que su historia con el presidente había alcanzado rango de vínculo oficial se habían visto poco. A él le resultaba insuperable marcar cualquiera de los números que Rebeca le anotó al dorso de la tarjeta con sus cargos institucionales, y aunque a veces, en solitarios paseos, se dejaba caer por ámbitos de su perdido amor, la calle Cardenal, llena de librerías y tiendas de flores, o por el laberinto del barrio judío, el azar no quiso reunirles. Tuvo que ser Rebeca quien concertase encuentros en parques o plazas que en ningún caso dieran curso a la nostalgia. Después, simplemente, dejaron de verse.

Tras su última llamada, dos años atrás, en diciembre, se habían citado en un centro comercial. A David le deprimió el espectáculo de todos aquellos padres apresurándose con sus regalos de Navidad. Era público que Feyto se había separado de su mujer; corrían rumores sobre una tercera persona. La había encontrado desmejorada, pálida.

Nada en común con la Rebeca que sonreía ahora en el pretencioso snack de las Torres.

—Así que estás bien.

Singra volvió a asentir. Rebeca vacilaba. En su dedo corazón brillaba un anillo. No parecía descubrir el tono justo.

—Tengo algo que decirte.

—Quizá no sea el mejor momento.

Permanecieron en silencio. Por la mente de Singra, como daguerrotipos, se sucedían imágenes del pasado.

—Feyto y yo vamos a casarnos.

Rebeca respiró hondo.

—Ya está, lo he soltado.

David hundió la cucharilla en el hojaldre.

—De manera que te vas a convertir en la primera dama. Tendrás que ingresar en el partido.

—Sólo esclavizan las cadenas invisibles. ¿Reconoces la frase? Es muy pedante. Es tuya.

—Supongo que no te sentirás obligada a invitarme.

—Me encantaría que asistieras —propuso ella con aparente sinceridad—. Lo he hablado con Feyto. Le parece bien.

—Muy democrático. ¿Para esto me has hecho venir hasta el centro, desafiando la polución y el tráfico?

—No quería decírtelo por teléfono. ¿No vas a desearme suerte?

—Claro —se relajó Singra. Sentía que entre ambos se extendía un espacio sin aire—. ¿Adoptaréis un huérfano del altiplano?

Era una agresión. David conocía su esterilidad.

—Lo siento —se disculpó, pero la herida se había abierto—. Las polillas han dado cuenta del chaqué y con los de alquiler parezco el jefe de pista de un circo subvencionado.

—Como quieras —asintió Rebeca; si esa renuncia la aliviaba de un peso, supo disimularlo—. Será pronto, en pocos meses.

—¿Antes de las elecciones? Es natural.

Trató de imaginar a Rebeca en una solemne ceremonia, entre cámaras e invitados ilustres.

Un mozo que no había reparado en el asesor apareció al fin. Singra pidió café.

—Hay más, David.

Singra la miró con la expresión de quien ha llegado al fondo del sufrimiento y ya no espera nada.

—¿Estás embarazada?

—No, no es eso... Queremos... Feyto quiere que dirijas su campaña.

Rebeca tomó el tazón con ambas manos. Al beber ocultó parcialmente el rostro. Las alusiones a su frustrada maternidad casi le habían hecho llorar.

—Y os puedo nombrar herederos universales de todos mis bienes —murmuró él, esforzándose por controlar un acceso de ira—. Señor presidente. No está satisfecho con robarme a mi mujer. También me quiere a sueldo en su pesebre de estómagos agradecidos.

—Tomé una decisión personal —le recordó ella, con firmeza—. Esto no tiene nada que ver con nosotros. Dejemos al margen los sentimientos. Tú mismo solías decirlo, ¿recuerdas? Para Feyto tampoco resulta agradable pedírtelo.

—¿Me lo está pidiendo él?

—Un país no es una broma. Hay demasiado en juego.

Singra sonrió con frialdad.

—Algo va mal, ¿no es cierto?

Rebeca miraba las caras anónimas.

—¿Teme perder? —se recreó Singra.

—Si la consulta fuese mañana no podría formar gobierno.

El asesor expulsó una argolla de humo.

—Estás capacitada para coordinar esa campaña.

—Él se sentiría incómodo conmigo al frente.

—Sigue mi ejemplo. Jamás me acosté con una candidata.

—Te conformabas con cualquier reportera.

—Estoy retirado.

—Vamos, esto nunca se olvida. Lo llevas en la sangre. ¿Prefieres que gane la oposición?

—¿Existe otra diferencia que la cifra que anoten en mi cheque?

—¿Y tu antiguo idealismo?

—Lo perdí en Nicaragua o en México. O vendiendo el elixir de tu héroe. ¿No pretenderás atraerme con la zanahoria del progreso, verdad?

Rebeca emitió una risa clara. El cinismo de Singra siempre le había hecho reír. Le conocía demasiado bien como para ignorar que su hipocresía ocultaba la derrota de un sentimental vencido por la inercia del mundo, por su soberbia e incapacidad para compartir los matices insignificantes de la vida. Por la soledad y los sueños rotos. Y por el tiempo, meditó Rebeca, con una mezcla de compasión y cariño, casi con amor. Sus ojos turquesas habían perdido brillo. En sus patillas mal afeitadas asomaban las primeras canas. Nunca lo había visto tan abandonado como en ese momento, un hombro apoyado contra la columna de mármol, el pelo largo, kilos de más, los pantalones manchados de barro. Botas de baloncesto y una camisa descolorida completaban el atuendo de un hombre que había sido célebre por su elegancia.

Seguido por algunos ejecutivos, Jesús Embún hizo entrada en la planta baja. Barrió de un vistazo el local y eligió una mesa a escasos metros. Instintivamente Singra bajó la mirada.

—¿Esperas a alguien? —preguntó Rebeca.

—Claro que no.

Su ex-mujer armó una sonrisa táctica.

—¿Y bien?

—Pensaré en ello —dijo él, atento a los movimientos de Embún.

—¿Quieres hablar con Feyto?

—No será necesario.

—En cuanto a la oferta económica...

Embún le había descubierto. Avanzaba hacia ellos sorteando sillas.

—Encantado de coincidir con usted, señor Singra.

El asesor no saludó ni le invitó a sentarse.

—Estarán muy ocupados —dijo Embún, de pésimo humor—. Tenemos que hablar, Singra. Pronto.

—Llámeme.

—Lo haré.

—¿No era Jesús Embún? —preguntó Rebeca cuando se hubo ido.

Singra afirmó, indiferente.

—¿Trabajas para él?

—Por ahora, no.

—Un sujeto poco recomendable —consideró Rebeca, intentando adivinar qué factor reuniría la cualidad de asociarlos—. Moncloa lo relaciona con fondos reservados.

—Lo sé. ¿Has notado el olor?

—Sí... ¿A qué huele?

—Mandarinas. Las come a todas horas. El ácido se le ha introducido en la piel. Tiene mandarinas en su despacho, en el dormitorio, en la guantera del coche.

Rebeca lo miró como si hubiese perdido el juicio.

—¿Estás escribiendo una biografía no autorizada?

—Quién sabe —se burló Singra; por un segundo volvió a ser el hombre del que Rebeca se había enamorado—. Tal vez.

11

A finales de los setenta el director decidió contratar a un crítico musical. Teníamos crítico taurino —Juan Candelas—, literario, cinematográfico, pero hasta esa avanzada época no existió en *El Comercial* sección de música ligera. Durante la República yo mismo cubría los estrenos de las revistas y compañías trágicas; hasta llegué a debutar, ya con el dictador, en el Candilejas, poniendo en escena una comedia de costumbres. Aquéllos sí eran buenos tiempos...

El director suponía que la música iba a protagonizar una revolución informativa. Me insistió en contratar a la persona idónea para esa especialidad. Yo no sabía una palabra de ritmos actuales pero a veces, por la noche, en la soledad de la redacción, sintonizaba un programa que me gustaba mucho. Su presentador decía llamarse Tony Man. La carátula lo introducía a base de sintetizadores, amplificando un eco: «¡To, to, to...!» Y, al final: «¡Supertó, supertó, super Tony Man!» Combinaba canciones de moda con anécdotas y entrevistas a personajes singulares, de esa clase de «raros» que encerraban en sí minas periodísticas. Como si poseyera el poder de convocarlos hasta los locales de la emisora, situada cerca del puerto fluvial, Tony Man parecía descubrirlos con suma facilidad.

Una noche de invierno de 1978 visité el estudio. Varada sobre el río, como un gran pez, la niebla nos obligó a dar vueltas por el barrio portuario. Una decrépita atmósfera envolvía los húmedos embarcaderos. Las barcazas ancladas emanaban un pútrido aliento de animales muertos.

Un portero de noche me permitió seguir la emisión desde un estudio contiguo. El locutor monologaba, leía, pinchaba discos, cuñas, iba despachando su galería de héroes anónimos. A las cuatro de la madrugada empezó a recoger su equipo. Le invité a un chocolate.

Su verdadero nombre era Antonio Elhombre. Tenía veintiún años. Había sido disc-jockey, modelo publicitario y no sé cuántas cosas más. No bebía ni tomaba drogas. (Al menos, eso me dijo entonces.)

Le contraté por treinta mil pesetas al mes. Empezó a la semana siguiente. Desde el principio quiso firmar con su seudónimo, que utilizaría hasta los años noventa, cuando abandonó el periódico para intentar cumplir sus sueños como promotor musical.

No se crió a mis pechos porque ya vino enseñado por esa perra que es la vida, pero a lo largo de una década supo distraerme con numerosas historias, la mayoría demasiado góticas como para resultar ciertas. Aunque, en honor a la verdad, ninguna tan imaginativa como ésta, que me iría contando mucho después, al filo del milenio, casi al mismo tiempo que David J. Singra, con quien coincidió en *El Comercial*, dejaba de lamerse sus heridas bajo mi paternal mirada y se enamoraba de

Natalia Embún. Una historia especialmente fantástica para alguien como yo que, a menos que Maria Callas fuese incluida en esa clasificación, no sabía una palabra de música moderna, rock, hip, pop, hop, bah.

Si algo, y en eso coincidían hasta sus máximos detractores, tenía de positiva la miscelánea personalidad de Amaral, era su disciplina. Presumía de ser el único promotor que ocupaba su puesto a las siete de la mañana. A esa hora entraba como un ciclón por el aparatoso vestíbulo del rascacielos donde Estación Búfalo ocupaba varias plantas. Inundando el despacho con esencia de Paco Rabanne sorbía un par de cafés, leía la prensa, verificaba su agenda y, como una locomotora con la caldera bien abastecida, cubría nuevas etapas del largo trecho que, según sus cálculos, le separaba para conquistar la gloria.

Por lo general, trabajaba sin interrupción hasta las tres. Dedicaba la tarde a oír música, ver vídeos, escribir y pensar. Leía toda clase de revistas y libros y pinchaba una tras otra las maquetas de intérpretes noveles que le llegaban a docenas. Para relajarse acostaba sobre la moqueta color champán su lenta corpulencia y se complacía jugando con su colección de caleidoscopios, a los que atribuía influjos telúricos. Sabía de todo, o un poco de cada cosa. Le apasionaban las últimas tendencias, la moda, el mestizaje, Oriente, los ritmos flamencos y africanos, Cuba, Brasil, la gastronomía, el vudú...

A media mañana solía presentarse la primera crisis. Para mitigar la pinza que las cervicales cerraban en algún punto de su base occipital reclamaba a su secretaria bálsamo del tigre y algo de comer, un sandwich, una ensalada ligera con un par de cervezas y un café para empujar el almuerzo. Si domaba el mono seguía firmando contratos. De lo contrario bajaba rápidamente a la galería de bares de neón para negociar unos gramos con cualquier camello.

Ninguno de sus colaboradores ignoraba que el riesgo de un ataque de cólera por parte del director de la División Musical se reducía a una simple cuestión de suerte. Los miembros de su staff podían enumerar seductores proyectos frustrados en el imperio de esa hora fatídica, la hora del Ángelus, bromeaba él. Después, su ánimo, quizá porque, desesperado a causa de la resaca, había decidido cortar la primera raya del día, derivaba al ensoñamiento, al estro romántico, a una actitud contemplativa, feliz, a la autocomplacencia y bondad. Disfrutaba de su habano con intransferible placer, estimulándose hacia una pneumática global. Armaba producciones, urdía argumentos, películas, redactaba letras, diálogos, ejecutaba gestiones de las que, ya por la tarde, en la cresta del cansancio, se alucinaba él mismo. Era el gran Amaral, el cerebro creador que había despuntado bajo la égida de Singra y que ahora, camino de su propio dominio, estallaba como una fruta madura.

Vanessa Bocángel, Antonio Elhombre o Hugo Plantagenet, por citar tres de los puntales de Estación Búfalo, especulaban a propósito del doble que Amaral debía de mantener oculto en el armario. ¿Cómo explicar, de no existir un elfo, que los gritos que a las doce podían oírse en el pub inglés del entresuelo se hubieran tornado, una hora más tarde, en aquella seductora actitud, propia de un soñador, pero de un soñador ejecutivo?

Como una batidora cibernética, Amaral mezclaba el teatro con la danza, flamenco y rock, la televisión con el cine, una carrera en el metro, como la marginalidad previsible de Alba Romero, con el diseño de una revolución política y sexual para los jóvenes del tercer milenio. En calidad de segundo de a bordo, Elhombre conocía de sobra el irredento espíritu de su jefe, pero no dejaba de asombrarle su habilidad para absorber la esencia de tantos artistas, dominar su expresión, capturar sus almas.

Tampoco ignoraba Elhombre que con el elogio su vanidad crecía como una planta iluminada por el sol. Aunque se viera obligado a revisar los números de las giras, la letra pequeña de seguros y contratos, sólo le interesaba el gramo de gloria que acaso ocultaba cada promoción, cada espectáculo. Esa filosofía iba ganando popularidad: entrevistas y fotografías suyas se publicaban con cierta frecuencia. La campaña para el primer disco de Alba empezaba a ser admitida como un prodigio de marketing. Alba Romero había sido rechazada por las grandes discográficas, pero Búfalo Records, el pequeño sello pilotado por Amaral, sumaría con *Desiertos* ventas por doscientas mil copias. La voz rota y profética de la hija de Omar, su desamparo de efebo tímido, esa olímpica sinceridad con la que abordaba las respuestas sobre su generación, sobre su sexualidad, habían obrado el milagro de una rápida fama. Si esas operaciones aún eran posibles, meditaba Elhombre, que no había entrevisto en Alba otra cosa que una hija de Lesbos con el timbre de un barítono de casino rural, entonces Amaral poseía la fórmula, el don, el método del éxito.

Quizá con Vanessa Bocángel, Elhombre era el único ejecutivo al tanto del proyecto Jackson. Armado de su habano, en la relativa calma de su restaurante favorito, El Pato Salvaje, Amaral le había confiado en síntesis la operación antes de entregarle el mapa con una cruz para que pudiera encontrar el valle del concierto.

Coincidiendo con la plaga de langosta africana que devoró hasta el color de la tierra, Elhombre visitó por primera vez la cañada a principios de septiembre de 1999. Sin verter juicios de valor, reservándose cualquier advertencia o crítica, anticipó a su jefe que el proyecto de producción no bajaría del millón de dólares.

Amaral le invitó de nuevo a comer. Estaba pasado de tiros. Empleó casi dos horas en hablar con humildad de los grandes descubridores. A los postres (era goloso y en El Pato Salvaje siempre repetía helado y tiramisú), indicó a su hombre de confianza que convocase el consejo de la sociedad.

Los Ángeles, una vez que Amaral había decidido rechazar la fecha del 24 de septiembre, solicitando a cambio, oficialmente, el show de la última noche del milenio, guardaba silencio. Elhombre sabía que decir «no» a Los Ángeles era una apuesta arriesgada. Como estrategia empresarial, contradecir las instrucciones de una agencia tan poderosa como la de Jackson podía causarles problemas. Esa manera de presionar, de jugárselo todo a una carta, era típica de Amaral.

El anuncio oficial de la gira no se demoraría más allá de una semana. Según un portavoz de World Concert, sería el propio Jackson quien presentaría en Los Ángeles la segunda versión de su World History Tour. Hasta el momento se mantenía un absoluto hermetismo acerca de los países que acogerían la gran producción del año. Los intereses eran múltiples. Los dólares iban a circular entre las promotoras como un río de oro. Muchas ciudades se quedarían sin ofrecer el evento. Fuertes rumores a propósito de que aquélla bien pudiera ser la última gira incrementaban el valor del show.

Al verse obligado a asumir que Amaral había rechazado la oferta de George Díaz, un concierto de Jackson como única fecha en la Unión Europea, Elhombre pensó que la coca había emprendido ya su tarea de demolición neuronal. Nadie en su sano juicio habría despreciado una oportunidad que, al margen del balance económico, habría supuesto la consagración de Búfalo como promotora internacional.

Durante el absurdo monólogo con que lo abrumó en El Pato Salvaje, el astronauta del show business llegaría a flotar en un ámbito sin conexión con la tierra. Elhombre había escuchado decenas de veces sus plegarias a la divinidad de las causas imposibles, soportado cada visión, cada delirio de Amaral, pero aquel apocalipsis excedía a la más audaz fantasía. Hubo un pasaje, sin embargo, un instante utópico en que, deslumbrado por el magnetismo del manager, por las imágenes que estaba evocando, un helicóptero hundiéndose como un pájaro de fuego, una cruz en llamas, en que Elhombre creyó.

—¿Lo ves factible? —había preguntado un alunado Amaral, ciego de orujo.

Hacía rato que el turno de ejecutivos había abandonado el restaurante.

—Puede hacerse —repuso el director de programación. Otra respuesta habría hecho peligrar su puesto.

Regresaron a Búfalo por la galería de bares de neón. Dos sofisticados camellos saludaron a Amaral como a un viejo amigo, pero él, absorto en las expresiones de su libre imaginación (estaba hablando de incorporar a escena un gigantesco dragón que escupiría cenizas por siete bocas y sería decapitado por Michael con una flamígera espada de rayos láser), los ignoró. A punto estuvo de ignorar también la presencia de Hugo Plantagenet, director de la División Política, su igual, su alter ego, que casi tropezó con ellos al salir del ascensor.

—¿Qué estáis tramando? —preguntó Plantagenet.

—Te informaré en el consejo —replicó Amaral.

Esa misma tarde, a bordo de un todoterreno, Elhombre indagó de nuevo el desierto de Amaral. Pudo comprobar que, en efecto, si existía un paraje en la región susceptible de representar el fin del milenio, el término de todo y el principio de nada, era ése. Aquel valle sin nombre, seco como la piel de un lagarto, donde la sombra de los quebrantahuesos se proyectaba contra la arena. Ni un árbol, ni un manantial. Sólo esas piedras calizas cuya contemplación provocaba sed.

Sin embargo, latía allí un silencio mágico, admitió Elhombre, algo así como una amenaza bíblica, como el umbral de un infierno todavía más temible.

Mareado por el sol, que se desplomaba inmisericorde, un sudoroso Elhombre intentó medir distancias, estimar los cuantiosos gastos de infraestructuras, proyectar ante sus ojos el delicuescente sueño de Amaral. La cifra de un millón de dólares concluiría el estudio presentado a la discreción de su jefe. Amaral recibió el informe sin una palabra, sin tocarlo siquiera, como si los prosaicos dígitos fuesen a contaminar su inmortal arquetipo.

El último viernes de septiembre, a mediodía, Amaral dio por liquidado el trabajo. Al deslizarse frente al despacho de Elhombre murmuró una críptica despedida. Olvidó abrir la puerta para que pasara delante Vanessa Bocángel, que pasó detrás, como siempre, columpiando su bolso con cabelleras jíbaras y mirándose con altivez en el espejo de la sala de espera. En esa habitación, que hacía las veces de oficina de castings, el humo del tabaco parecía haberse adherido a la cretona de los sillones.

Aunque lo suponía, como casi todos en la Estación, Elhombre no tenía pruebas de que estuvieran liados.

Tampoco le importaba. Apreciaba a Vanessa. Se habían acostado en un par de ocasiones sin llegar a conectar realmente, aunque tampoco pudiera decirse que la experiencia hubiese resultado un fracaso; tratándose de Boca de Ángel, me confió Tony Man, jamás podía serlo. En el fondo la consideraba una chica inocente. Incapaz de hacer daño. Incapaz, por ejemplo, de aspirar a su puesto de director de programación. No tanto porque no estuviera preparada (sólo por el hecho de haberse acostado con un número indeterminado de scaffers dominaba los secretos de la producción), sino debido a su carácter místico, mesiánico, que la impulsaba a despreciar a las multinacionales, incluidas las discográficas y promotoras de espectáculos. No habría sabido qué hacer sin la vida que ahora llevaba; no quería más, deducía Elhombre; no quería ser él ni como él. Si de vez en cuando dormía con Amaral era porque el jefe estaba allí, cerca, dispuesto, y porque era un tipo interesante. ¿De qué hablarían? Recelando al verlos salir juntos se preguntó si Amaral le habría revelado su sueño nuclear, aquel Chernobyl musical con Jackson ascendiendo a los cielos de Nostradamus envuelto en la agonía de la humanidad.

Fuese como fuese, pensó Elhombre apoyando los zapatos encima de la mesa para sentir la paz y el silencio de la planta vacía, Amaral no podía mostrarle a ella mayor confianza que la depositada en él. ¿Por qué, si no era así, le había autorizado, en situación de emergencia, a alertarle en determinados números de teléfono, uno de los cuales correspondía al Casino?

Trabajó hasta tarde en los contratos del trimestre. Repasó la campaña de Alba Romero, que llevaba camino de erigirse en un mito para la juventud. Su imagen había roto la ortodoxia. Era lo contrario a una estrella; tal vez por eso sintonizaba con la gente joven con la fuerza de un símbolo. La noche anterior había aparecido en un programa de televisión vestida de hombre, con gomina y corbata de lazo. Impactaban su madurez, sus desconcertantes respuestas.

No sin sorpresa, Elhombre había descubierto que su aplomo ponía nervioso al propio Amaral. Les había sorprendido frente a frente, mirándose a los ojos como efigies rampantes. Después de sostener su mirada, Amaral, como si la suya rebotase en una plancha de acero, solía rendir su energía.

Elhombre se hallaba confirmando los próximos recitales de Alba cuando escuchó el rumor de un fax. Sonaba en el despacho del manager. Las limpiadoras habían dejado la llave puesta. Mientras la línea privada transmitía no pudo resistir la tentación de ocupar la butaca anatómica del jefe de la División Musical. Cerró los ojos. Soñó. Italianos y judíos encontrarían en él un digno sucesor de David J. Singra y Víctor Manuel Amaral.

En el texto del mensaje redactado desde la central de World Concert, Los Ángeles, Ivo Nagen, el mismísimo Nagen, decía: «Confirmado concierto Jackson 31 de diciembre. España. Fin del mundo. Remitan urgente condiciones producción. Vuelo 3 octubre para revisar detalles...»

El lugarteniente cogió la hoja de papel como si se tratara del manuscrito de un premio Nobel y marcó el número del Hotel Casino. Un minuto después expresaba a su director su más rendida felicitación. «Fíltralo a la prensa», ordenó la voz entrecortada de Amaral. Como en un tamiz de fondo se oía otra respiración. Los felinos suspiros de Vanessa Bocángel, dedujo, entre divertido y alarmado, Antonio Elhombre.

12

Aislado en Barranco de Lobos con la única compañía de Tostao, que se presentaba sin previo aviso para cultivar el jardín o jugar al ajedrez, Singra había decidido invertir en sí mismo. Ponerse en forma. Pero, en realidad, salvo nadar unos largos al atardecer, dejaba consumir las horas en el porche con un libro sin abrir en las rodillas, fumando y escuchando música mientras bebía licores que lo despertarían al día siguiente con una sensación de inquietud y peligro.

Cuando sonó el teléfono deseó que fuera Rebeca. La voz que alteró su retiro tuvo la virtud de crisparle. Decididamente aquel hombre no le gustaba.

—El tiempo pasa, señor Singra —dijo Embún—. Tenemos que hablar. ¿Le parece esta noche, a las nueve? ¿Le parece en mi casa?

Habría preferido un lugar impersonal, pero no acertó a formular una excusa. Se enojó anotando las señas de una urbanización cercana al aeropuerto.

Antes de acudir a la cita se hizo afeitar y cortar el pelo en una barbería del barrio judío. Compró un traje color tabaco que sentaba bien a su figura delgada, de hombros anchos.

A medio kilómetro de las pistas de la base americana, ahora abandonadas, cubiertas de maleza, o por una arena sucia que se obstinaba en aflorar en cuanto se retiraba la mano del hombre, se desvió por una carretera flanqueada por dos hileras de plataneros. Llegó a un área residencial. Canchas de tierra batida y lagos en forma de almendra jalonaban los jardines. En el control, un guarda requirió su identidad. «La avenida del Perú es la penúltima», le indicó a través de un interfono.

Como si al arquitecto que había diseñado la urbanización no le ofreciese garantías la clase de propietarios que vendrían a habitarla y hubiese pretendido compensar los apellidos plebeyos con un toque de presunta distinción, las calles artificiales se inspiraban en un nomenclátor de naciones. David se sonrió ante ese eco imperial.

El presidente Feyto construía un chalet entre aquellas mansiones. Una existencia pacífica para Rebeca, pensó Singra comparando las piscinas de azulejos turquesas con su alberca de Barranco de Lobos, que tejía pan de rana en invierno. Su ex-mujer debería aprender a jugar al golf y ejercer de anfitriona en veladas políticas. Esas funciones, y otras muchas, estaban a su alcance porque ella había decidido cambiar y su nueva vida implicaba el rechazo a lo anterior, al refugio del ibón, a las interminables campañas, a la orgía de lujo y desorden y, pensó él con nostalgia, al amor envuelto en urgencia, en pasión.

Una valla de forja protegía la casa. Alguien vigilaría por circuito cerrado porque, sin que llegara a tocar el timbre, la puerta se deslizó ventilando nubecitas de albero. En la glorieta con pavos reales un mecánico revisaba los automóviles de la familia.

—Deje el contacto. Le lavaré el coche.

—No le vendrá mal —asintió Singra.

—Comprobaré el aceite y el agua.

Bajo una bóveda vegetal el asesor caminó por un sendero de grava. La piscina invitaba a bañarse. Desparramada en un columpio, la espalda de Embún se adivinaba en medio del césped. El financiero lucía una gorra de capitán de yate y calzones cortos de algodón. Por la camisa entreabierta asomaba vello del pecho y un colgante con el Cristo de Dalí.

—De corbata, vaya elegancia —observó tendiéndole una mano áspera—. Tendré que cambiarme para estar a su altura. ¿Un baño antes de cenar?

Singra rehusó.

—Póngase cómodo —insistió Embún, esforzándose por resultar amable—. ¿Le apetece un martini?

El asesor ocupó el columpio, cuya superficie retenía la sudorosa humedad del cuerpo de Embún. Encendió un pitillo. En la piscina jugaban dos niños rubios, de aire sajón, con los ojos azules.

Una camarera oriental trajo el aperitivo en una bandeja de plata. Singra mordisqueó la aceituna antes de apurar la mitad del cóctel.

La puerta de la caseta de vestuarios se abrió y apareció Natalia. Llevaba el pelo recogido en cola de caballo y un bañador negro que favorecía el brillo mate de su piel. No repuso a su amistosa seña. Se zambulló desde el trampolín trazando un arco contra la fachada de la casa. Nadó un rato, buceó y emergió frente al columpio. Arrodillándose junto al filo de la piscina, David le alcanzó una toalla.

—Recuerde —murmuró, sin permitir que el asesor le friccionase los hombros—. Aléjese de nuestras vidas. Está usted advertido.

Natalia entró en la casa dejando un reguero de agua. Después se agitó un estor en la primera planta y la mujer de Embún salió a la terraza envuelta en un albornoz. Singra alzó su copa y, sin dejar de mirarla, apuró la bebida. Lentamente Natalia enrolló la toalla en su cabeza. Inició un movimiento casual, alzando los codos como para prender una horquilla: el albornoz cayó al suelo mostrándola desnuda frente a los reflejos de sol.

Los niños seguían jugando. La pelota volaba sobre una red. A David le pareció que Natalia continuaba unos segundos entre los destellos del atardecer, formulándole una invitación prohibida.

—¿Otro martini? Veo que es de los míos.

Jovial, Embún avanzaba por la hierba. Se había puesto una camisa roja y pantalones blancos de lino. Singra decidió que necesitaba esa segunda copa.

—Mis hijos —Embún señalaba a los chicos como extensiones de su propiedad—. ¡Erik, Alonso! —Los adolescentes emprendieron con pereza el proceso de salir del agua—. El señor Singra es un periodista influyente, amigo de vuestro padre. —Alonso y Erik tendieron sus manos murmurando un ceremonioso «encantados»—. Podéis jugar un rato, pero nada de acostarse tarde. Vuestro avión sale al amanecer. Pasarán unas semanas en Londres —explicó a su invitado; y luego, cuando se hubieron zambullido—: Son de Erika, mi primera mujer. Nos divorciamos hace cinco años. Tengo la custodia. Es alcohólica —desveló bajando la vista con una expresión de impotencia, como si, a pesar de haber hecho lo humanamente posible por apartarla de los infiernos de la bebida, su libre albedrío hubiese elegido esa senda—. El juez la declaró incapaz. De vez en cuando me molesta pidiendo dinero. Mire. Por ahí viene Natalia.

El matrimonio oriental que atendía la casa había dispuesto la cena en el interior de una fresca pérgola. Tras los entrantes apareció una langosta. Embún comió con apetito, vorazmente. Su estilo con los cubiertos dejaba mucho que desear. Hablaba con la boca llena.

Natalia apenas probó la delicada carne. El asesor agradecía la cháchara de Embún, que le autorizaba a permanecer en silencio, amparándose en monosílabos mientras el empresario se decidía a abordar el asunto de su campaña.

Natalia le trataba de usted, evitaba mirarle. Mantenía la atención en su marido, sirviéndole vino blanco con una sutil sumisión. Tomaron café. Embún encendió un habano.

—Bien, Singra. Si le parece, vamos a entrar en harina.

Respetó una pausa, como ofreciendo al asesor la oportunidad de una opinión o un prólogo, pero David se limitó a aplicar flojas caladas a su tabaco de Vuelta Abajo.

—Natalia y yo lo hemos discutido en profundidad. Ella me conoce a la perfección. Sabe hasta qué punto tengo capacidad de sacrificio, hasta dónde estoy dispuesto a dar. Por mi ciudad. Por mi país.

—Eso es importante —aprobó el asesor.

—La gente está harta de promesas. Hace veinte años que soportan las mismas caras repitiendo los mismos mensajes gastados. Ha llegado la hora de ofrecer algo más. Mi familia me apoya. Con ellos a mi lado será fácil ganar.

Embún decidió que había hablado bastante. Sostuvo el habano entre los labios, hizo tintinear la copa.

—Agradezco su franqueza —dijo Singra—. Si llegamos a un acuerdo económico —Embún compuso un gesto magnánimo—, me ocuparé personalmente de dirigir su campaña electoral. A partir de ese momento hará con exactitud lo que yo le ordene. Punto por punto, señor Embún —insistió.

El empresario afirmó con disciplina. Natalia se había concentrado en el mantel. Singra adoptó un registro cómplice.

—Presentaremos su candidatura al Senado en el marco de una nueva opción política, que procederé a crear. Si todo sale según mi programa, en enero será usted senador. Desde ese cargo podrá aspirar a nuevos objetivos, sin límite.

Hubo una tensa pausa.

—Brindemos por ello —propuso Embún tomando el rostro de su mujer. La besó en los labios con un beso duro.

La avenida del Perú, con su vigilancia privada, quedó atrás. La carrocería del Volvo brillaba en la oscuridad de la carretera del aeropuerto. David buscó en el dial una emisora de jazz. Conducía despacio, tratando de ordenar sus ideas.

Comenzó a llover torrencialmente. Tardó una hora en atravesar la ciudad. Barranco de Lobos era una luz en la noche: la bombilla del porche de Tostao. Singra empujó una puerta de doble batiente. El boxeador dormitaba ante un tablero de ajedrez y una botella de vino sin marca.

Singra le había enseñado a mover las piezas. Desde entonces quería jugar a cualquier hora.

—¿Una partida?

El asesor aceptó pese al cansancio. Tostao se apresuró a alinear los ejércitos.

—No me he gastado todo ese dinero en libros para que sigas ganándome.

Singra no podía expulsar de su cabeza la imagen de Natalia Embún. Esa mujer le atraía. En cuanto me habló de ella supe que estaba enamorado. Deseaba poseerla pero, al mismo tiempo, temía que llegara a ocurrir. Desde su ruptura con Rebeca desconfiaba de cualquier sentimiento.

De la cocina escapaba un olor a aceite rancio, a fritos. Tostao pidió permiso para consultar un movimiento en sus libros de partidas inmortales.

—No debería darte ventaja.

Tras repasar los volúmenes, Tostao ejecutó un sacrificio.

—Jaque.

—Has aprendido mucho en esos libros.

El boxeador asintió con orgullo. Cuando su rival rindió la posición respiró con fuerza.

—¿Otra?

—Es tarde. Deberé replantear mi estrategia antes de volver a enfrentarme contigo.

—Yo juego con negras.

—Hoy no soy rival para ti.

Singra se sirvió medio vaso de vino.

—He venido a encargarte un trabajo.

La bombilla de la cocina emitía una luz triste. La foto dedicada de un boxeador muerto, uno de los sparrings de Tostao, los contemplaba desde la pared. Se oían los grillos y, en la distancia, el aullido del perro de Singra.

El asesor le mostró un recorte periodístico. Tostao lo miró durante un minuto.

—Necesito información sobre ese hombre. Estará a las siete en el aeropuerto, despidiendo a sus hijos. Te anotaré las señas.

—¿Jugamos una partida, hasta las siete?

—Blancas —se resignó Singra, quitándose la chaqueta—. Pero aparta esos malditos libros.

—Los sé de memoria —sonrió Tostao, llevándose un dedo a la sien—. Como la cara de ese hombre, Embún. Ya no se me olvidará nunca.

13

Desde hacía veinticinco años, el sargento Bravo habitaba aquella parcela situada aguas arriba del puente de San Lázaro. Entre esas paredes había crecido su hijo, también policía. Allí había muerto su mujer.

Desde que su hijo se casó vivía solo. Dos veces al mes una asistenta limpiaba la casa. Los sábados por la noche algunos compañeros de la comisaría se presentaban para ver el fútbol y jugar a las cartas. El resto de la semana, Bravo cocinaba para él. A menudo se acostaba en ayunas, con la radio y la televisión encendidas.

Avanzaba el mes de octubre. El calor permanecía como una plancha solar sobre la ciudad abrasada.

El policía estaba en ropa interior, tumbado en el salón con las luces apagadas, cuando recibió una llamada.

—Quintín Racaj —dijo una voz aguda—. De *El Comercial*.

«Escoria de periodistas», pensó el sargento.

Colgó. El teléfono volvió a sonar. El periodista repitió su mensaje. Bravo colgó. Por tercera vez replicó el auricular. No se puso. Las llamadas continuaron. El sargento desconectó la línea, apuró su cerveza e intentó dormir.

Al día siguiente Bravo y otro agente patrullaron el barrio judío. Comieron en el cuartel. Por la tarde, al abandonar la comisaría, el sargento colgó el uniforme en la taquilla y puso en marcha su coche. En vez de decidirse a visitar algún motel de ruta, de esa clase de establecimientos donde se ofrecen mujeres y copas, se dirigió hacia su casa. No percibió que un automóvil pequeño, negro, seguía al suyo. Aparcó en una acera cubierta de escombros. Al cruzar la calle le abordó un hombre con gafas redondas.

—Quintín Racaj, de *El Comercial.*

El sargento reconoció la voz aguda de la noche anterior.

—No tengo nada que decir.

—Será un minuto, sargento. Se trata de la investigación interna.

—Pierde el tiempo.

—Mi periódico ha decidido interesarse por el caso.

—¿Qué caso?

—Usted sabrá —dijo Racaj con aplomo. Llevaba al hombro una mochila de la que asomaba el objetivo de una cámara fotográfica.

Bravo le empujó, cruzó la calle y abrió la puerta de su casa. Antes de cerrarla, se giró un instante. El periodista disparaba su cámara.

—¿Qué hace? ¡Tenga cuidado! —gritó.

Bajó las persianas, conectó la televisión y la radio y fue a la nevera a por una cerveza helada. Sonó el teléfono.

—Quintín Racaj. Será un minuto.

Bravo masculló un juramento y colgó con tanta fuerza que el plástico del aparato se agrietó. Bloqueó la línea. Bebió dos cervezas y se asomó a la ventana. Allí estaba el periodista, a la sombra del único árbol de la calle, cerca de la cabina pública, sosteniendo la cámara.

Despertó sudando. Se dio una ducha fría y pasó a la cocina para recalentar café. Desde la mesa tapizada por un hule que amarilleaba en los bordes vio el trozo de papel asomando debajo de la puerta. El periodista había escrito unas líneas con su demanda y el número de teléfono en el que aguardaría su respuesta.

Hacía calor. El sargento pasó la mañana en turno de patrulla por el distrito centro. En esa zona se alzaban los principales edificios de la ciudad. La moderna central de telecomunicaciones, la sede del Banco Nacional, las Torres.

De arquitectura más antigua, el edificio de *El Comercial* resistía la vecindad de los gigantes de hormigón con su clásica dignidad de principios de siglo. Hasta donde alcanzaba la memoria del policía, *El Comercial* había estado allí, ofreciendo su fachada a la plaza barroca de Los Mártires. En su ronda el sargento se detuvo junto al periódico para observar a la gente que entraba y salía bajo el rótulo de madera. Nunca había estado en aquella redacción ni en ninguna otra. Conocía de vista al reportero de sucesos, Risco, porque a menudo husmeaba por la comisaría central o el tanatorio, pero nunca había tenido interés en tratar con periodistas. Ni en la brigada criminal ni en estupefacientes había conocido a un reportero digno de confianza. Si alguna vez tuvo la gentileza de deslizarles información confidencial se habían apresurado a publicarla, sin importarles si comprometían la fuente. Y ese Racaj, pensó el sargento recorriendo con la vista los balcones de *El Comercial*, no podía ser muy distinto. En cualquier caso, decidió, podía ser peor.

Después de comer en el cuartel se dirigió al parque móvil y ocupó el vehículo que tenía asignado. Al cruzar la barrera un cochecito negro lo siguió hacia las vías de circunvalación. El sargento se desvió por una carretera nacional. Luego, conduciendo a la máxima velocidad permitida, tomó la comarcal que comunicaba el sur de la provincia, territorios horadados por barrancos y cauces secos como pellejos de vaca expuestos al sol. Fueron desapareciendo las granjas de ganado, las parcelas ilegales, las chabolas.

El sargento detuvo el coche frente a un desconchado muro, con un toldo de paja para aparcar y cabañas entre los pinares. Entró a una sala lóbrega, espaciosa, sin ventanas, con una opaca iluminación de bombillas desnudas; ocupó una esquina de la barra. Sin consultarle, un camarero le sirvió una bebida fría que empezó a consumir despacio.

Había mujeres sentadas, pero otras deambulaban por la pista de baile, entre clientes, sosteniendo vasos, riendo y acercándose a los hombres que les dirigían una palabra o una seña. El aire viciado olía a una mezcla de cosmético y sudor.

Al terminar su vaso, el sargento llamó al camarero golpeando con su placa la barra de cinc. Algún cliente se giró, inquieto, pero el camarero sonrió, elevó el volumen de la música y se puso a hablar con el policía. Asintiendo todo el rato declinó cobrarle y le entregó una llave.

Bravo salió a la tarde caliente. Franqueó una de las cabañas y se desnudó junto a la cama cuyas sábanas olían al desinfectante de la sala.

Desde el aparcamiento, Racaj vio a la mujer encaminarse hacia los árboles. Ajustó el teleobjetivo y tomó una secuencia. Después dio la vuelta al edificio por la parte de atrás y esperó hora y media sentado en la tierra, con la espalda apoyada en una cerca.

Cuando el sargento y la mujer, que parecía muy joven, salieron del bungalow, el reportero de *El Comercial* obtuvo nuevas fotografías. Bravo llevaba el cinturón caído; la cartuchera rozaba las agujas de pino.

Todo el rato el sargento reía con la boca abierta, como si la vida le sonriera en aquel lugar apartado.

14

Amaral no conseguía acostumbrarse a esos ambientadores. Ni a las hostiles láminas que la luz cegadora filtraba a través de cortinas y estores. Ni a las lucecitas rojas del teléfono sobre la superficie, líquida en la oscuridad, de la mesita de noche; allá al otro lado del hombro, apenas cubierto por la sábana, de Vanessa Bocángel.

Dormido aún, con un ferruginoso sabor en el paladar a causa del whisky, del tabaco (había olvidado cepillarse los dientes), escuchó con impotencia el teléfono. Vanessa también lo había oído. Uno de sus brazos se alzó en un movimiento reflejo, pero volvió a caer con pesadez sobre la cintura de su amante.

«Necesito una raya», pensó Amaral, desesperado. Se incorporó sobre los almohadones y tanteó hasta dar con el interruptor de una lámpara. Aturdida, Vanessa se remontó contra su poderoso muslo. Con la espuma de un perezoso erotismo humedeciendo el filo de sus sueños, inició una serie de caricias que acalambraron su vientre como si lo torturasen los ángeles. «¿Te has vuelto loca? —masculló Amaral—. ¿Quieres matarme de un infarto?»

En el curso de los minutos siguientes, que iban transcurriendo a ráfagas en el reloj digital derribado en la alfombra, junto a botellas y vasos, el manager esnifó y poseyó a Vanessa en una postura imposible. Ella no reprimió los gritos. Amaral pensó que en la habitación vecina podía encontrarse, más o menos en similares circunstancias, el alcalde o cualquier personalidad de la ciudad sin ley en que se estaba transformando la capital del desierto. Por eso se vio obligado a amordazarla con la punta de la almohada. Casi lucharon sobre el colchón, amándose, hasta que la funda, desgarrada por los dientes de la muchacha, reventó expulsando el plumón como un cuerpo vivo. Vanessa quedó rendida, sin aliento; un ángel caído. Sonó la línea.

—Aló.

Era George Díaz. ¿Quién diablos le habría proporcionado el número del Hotel Casino?, especuló Amaral mientras se deshacía en cumplidos hacia su chévere. Sí, claro que había llegado el fax. Del mismísimo Nagen, desde luego.

—No lo vas a creer, George. Nagen se desplaza en persona para revisar el proyecto.

El silbido del agente casi le perforó el tímpano. ¿Nagen, en carne mortal, supervisando una producción? Sólo podía significar que la flecha de Amaral se había clavado en plena diana.

—Escucha, hermano... —Como si llamara desde el otro lado del planeta, la voz de George amplificaba molestos ecos.

—¿Dónde estás?

—En Filipinas. De gira con los sobrinos de Michael. Recuerda: Nagen es un mujeriego. Un vicioso. Alista una mujer, una puta. Lo que sea, pero que no duerma solo. A lo mejor tu concierto depende de eso.

George cambió de tono.

—Hay novedades en el contrato.

Había subido, exactamente, medio millón de dólares.

«Necesito una raya», pensó Amaral, desesperado. «Supongo que eso explica la comisión de Nagen», seguía diciendo George, antes de aventurarse en una densa exposición de implicaciones empresariales. «Valóralo. Es caro, pero real. Irás al cincuenta por ciento con Poborska. Yo sólo cobraré el cinco. No me lo agradezcas, considéralo un favor personal. Tu show del fin del mundo será la bomba atómica. No puedes fallar. Estás muy cerca de conquistar la gloria.»

¿Acaso él había hablado con George Díaz de la gloria? Que recordara, no. Era un tema para debatir con David J. Singra y a veces con Antonio Elhombre. No con George, que únicamente creía en los dólares. ¿Por dónde se movían las cifras? No habían clavado una estaca en el valle de los quebrantahuesos y adeudaban ya tres punto cinco millones de dólares. Amaral tuvo una visión: la tierra se abría y su cuerpo se precipitaba hacia las llamas del deshonor y la quiebra.

El baño de sales le reconfortó de tal manera que quiso hacer de nuevo el amor. Vanessa rechazó esa posibilidad. Mientras Amaral se ponía un smoking estuvo paseando desnuda, cambiando canales de TV, practicando yoga hasta que el promotor le alcanzó una cerveza Budweiser y le encendió un cigarrillo que le hizo toser.

Sabía que podía contar con ella. A medida que se acercara la fecha del espectáculo su ayuda sería de mayor trascendencia.

Esa noche se propuso seducirla. No como a una scaffer vagabunda sino como a la chica sensible que se escondía detrás de cualquiera de sus máscaras. Jugaron a la ruleta, cenaron en el lujoso restaurante del Casino y volvieron a probar suerte en las mesas hasta que perdieron un millón de pesetas. Ella (Amaral era un ludópata) estimó que había llegado el momento de retirarse. Abandonaron la sala cogidos de la mano. Vanessa llevaba un vestido que descubría sus brazos, en exceso musculosos, y parte del escote. Sus pechos habían llamado la atención de otros jugadores en mayor medida que el rastrillo del crupier.

Una láctea fosforescencia lamía el desierto. Un mismo pensamiento debió de asaltarlos porque al sacar su tarjeta de crédito Amaral sonrió. Esnifaron sobre el embellecedor del Ferrari. El coche olía a cuero y al perfume Harley Davidson que usaba la chica. Amaral condujo por pistas de tierra hasta que las palmeras del Casino se borraron al contraluz de la luna. Ojos de pájaros brillaban en la oscuridad.

Cuando Vanessa se recostó en su hombro Amaral recibió el mismo disparo de amor que lo había traspasado en la playa de las ruinas romanas. ¿Qué podía ser la pasión sino aquel desmayo, el deseo estremecido, las cálidas manos de Vanessa posándose en sus muslos? ¿Aquella pulsación de aventura y peligro, como si la vida latiese con un ritmo cósmico?

Los dedos de Vanessa jugaban con la hebilla de su cinturón. Bajo la camisa de seda, Amaral notaba perlada la piel. Accionó el computador. La capota se desplegó en el aire. Los envolvió la noche.

Se dieron cuenta de que estaban atravesando el valle de los quebrantahuesos —«¿El valle de Jackson?», meditó Amaral— cuando un talud de tierra, aquel cerro en cuya ladera quería diseñar el escenario, se alzó ante ellos.

El silencio era tan profundo como en el fondo del mar.

Trágicamente, Amaral se dejó caer en la duna. La llamó. En la lechosa penumbra de aquella ola de arena su vestido flameaba como una bandera. Hicieron el amor tan dulcemente que las viejas palabras que ya apenas pronunciaban fluyeron mecidas en la plata de la noche. La boca de Vanessa relucía como una fuente.

Los desveló una aurora de rosados cirros. Vanessa dormía de espaldas, con el perfil manchado de tierra. Un lagarto grande los espiaba con su ojo de azabache. Hacía frío. Amaral tomó en brazos a su musa y la depositó en el coche. La pajarita le colgaba como un trofeo. Había perdido un zapato. Lo estuvo buscando por la duna, pero no apareció. Encendió el motor y dio media vuelta buscando sus propias huellas.

Media hora más tarde debía admitir que se habían perdido en el desierto.

Amaral no podía creerlo. Llevaba dos horas conduciendo sin ver nada. Sólo la tierra vacía. Y allá arriba ese sol blanco.

Hacía rato que Vanessa no hablaba. Había apoyado la frente contra la ventanilla. El aire acondicionado mantenía en el interior del coche una temperatura agradable, pero le daba sed. El termómetro exterior señalaba cuarenta y cinco grados. Amaral comprobaba con aprensión la aguja del depósito, que rozaba la franja de reserva.

—¿Vamos a morir? —preguntó Vanessa.

—Todos moriremos algún día —filosofó el manager sorteando el esqueleto de un animal, un caballo o una res—. Supongo que estamos dando vueltas al mismo lugar. Eso es todo.

—¿Has hecho testamento? —insistió ella.

—Claro. Mi fortuna irá a parar a manos de mi esposa. Ella guardará luto hasta conocer al nuevo compañero de su vida. Con mi dinero se lo pasarán de puta madre. ¿Y tú, has dictado tu última voluntad?

—Tampoco tendría mucho sentido. Tengo un coche, que en realidad no es mío, la ropa y los muebles de El Elefante, ese almacén de bricolaje que anuncian por la tele.

—¿Qué diablos haces con lo que te pago?

—Lo invierto en ácidos.

«Necesito una raya», pensó Amaral, desesperado, mientras el deportivo, impulsado por una rampa de arena, saltaba como un potro salvaje. Por enésima vez sospechó que habían atravesado antes aquel paisaje. Y así era. Al descubrir las huellas de sus neumáticos cambió de rumbo hacia donde imaginaba debía de estar el oeste. Había decidido que la ciudad tenía que encontrarse al oeste.

Allá por los oscuros comienzos de su carrera, cuando cerró sus primeras giras, se había iniciado en las drogas con los músicos de James Brown. La banda había estado a punto de acabar con él. Recordaba con terror las épicas borracheras, las orgías, los chanchullos.

¿Dónde estaba el problema? Era muy sencillo. En el descanso de cada actuación aquel manager exigía al empresario tres mil dólares adicionales; de lo contrario, amenazaba, el cantante se negaría a concluir el show. Amaral jamás supo si Brown estaba al tanto de las extorsiones. Cuando se atrevió a preguntar habían dejado atrás cuatro mil kilómetros, destrozado hoteles, abrasado plazas en las que difícilmente volvería a contratar; el joven Amaral recibiría una respuesta cómica, ambigua, que le hizo sonrojar. Actuaban en una ciudad del sur de Portugal. Esa misma noche se emborrachó con el manager de Brown, un negro colosal cuya interpretación del mundo del espectáculo se reducía a la mecánica contable. Sumaba en dos columnas: una para los beneficios, otra para los desperfectos. Presumía de haber estado varias veces en la cárcel, con y sin James Brown. Le invitó a una coca tan pura que Amaral perdió el conocimiento en un taxi. Amaneció en su cama, en un hotel de mala muerte. El hercúleo promotor roncaba a un lado.

Desde un punto de vista estadístico se engancharía después, en el estresante curso de nuevas giras por la península y el norte del Atlas, pero la dosis iniciática databa de esa fecha, hacia 1982, cuando conoció a James Brown y a David J. Singra, *el Mago*.

Era capaz de recordar con exactitud la entrevista de presentación en su despacho de Estación Búfalo. Una lámpara iluminaba la mesa. El rostro de Singra permanecía en penumbra. Por entonces, David J. podía presumir de un aire atlético. Su facilidad de palabra, que él mismo, a medida que se amargaba, censuraría, resultaba envolvente. Su primer trato con Singra fue contradictorio: quería a Ray Charles, pero firmó con James Brown. Seis meses después, el balance era de varias denuncias por incumplimiento de contrato, pérdidas millonarias y un diente mellado como consecuencia de su pelea con un contrabajista que intentó cobrarle unas rayas a las que en principio había sido invitado.

David no pudo menos que apiadarse de él. Atendió su lamentable relato y le invitó a comer en El Pato Salvaje. Singra amenizó la comida analizando el mercado discográfico, que conocía bien, y revelando anécdotas de personajes famosos. A los postres extrajo un documento de su maletín. Era un contrato de Spandau Ballet. Amaral leyó la última página: su pequeña compañía —El Pájaro Loco— figuraba al pie de la firma. «¿Puedo sugerirte algo?», había agregado Singra. «Claro», asintió Amaral, no sin expresarle su sincero agradecimiento. «Cámbiale el nombre.» «¿A Spandau?»

«No, a tu empresa.» «¿Amaral estaría bien?» «Si no existiera mi compañía, muy bien», fue la réplica, y la oferta, de David J. Singra.

Apenas unos meses más tarde, enrolado ya en su nueva agencia, Amaral había superado sus pleitos y satisfecho sus deudas. Era dueño de una cuenta corriente con la que no se hubiera atrevido a soñar. Spandau Ballet llenaba estadios, pabellones, plazas de toros. Singra respetó el contrato en su letra pequeña, sin exigir comisiones ni bolos; incluso dedicó parte de su escaso tiempo a diseñar la campaña de promoción. Fue tan generoso que, de nuevo en El Pato Salvaje, en una de cuyas mesas almorzaba el presidente del Gobierno, que saludó a Singra, no pudo negarse a firmar un segundo contrato. En esta oportunidad David J. no le estaba ofreciendo un grupo, sino el cargo de tour manager. «¿Cuándo empiezo?», había preguntado el casi ex-director de El Pájaro Loco. «En cuanto hayas pagado la cuenta», sonrió David.

Un par de años más adelante, en la Casa Blanca, junto a Nancy y Ronald Reagan, Amaral tuvo que admitir que su buena estrella debía su brillo al patrocinio de aquel enviado del destino. De James Brown, con su infierno de músicos azules, a un despacho con caja fuerte empotrada en la pared, donde trabajaba doce horas al día.

En Búfalo iba a ser sometido a distintas pruebas. Durante los primeros meses, Hugo Plantagenet lo mantuvo adscrito a la División Política. Amaral, que se consideraba un ácrata, se familiarizó con los líderes y finanzas de los partidos. Aunque su trabajo resultó convincente, parecía claro que sus cualidades apuntaban hacia el mundo del espectáculo. Al menos, ése fue el argumento con que Amaral intentaría maquillar los desencuentros entre Plantagenet y él, incompatibilidad que iría agravándose pese a los esfuerzos conciliadores de Singra y de la propia Rebeca.

Rebeca Montenegro... Amaral se había sentido atraído por ella en mayor medida de lo que estaba dispuesto a confesar.

Singra la había descubierto en una emisora. Bastaron dos semanas para que se volviese loco por ella. Amaral adivinó sus sentimientos porque Rebeca había pasado a ocupar una oficina junto a la suya, y David, que jamás tomaba café en las máquinas de los pasillos, aguardaba turno contando las monedas para obtener uno de esos tés de sabor indefinible que quedaban abandonados en el despacho de Rebeca, donde entraba llamando con falsa desenvoltura.

Era eficaz. Y, puedo jurarlo, hermosa como una estatua lavada por el agua.

Con Amaral intimó. Cuando el trabajo los retenía hasta tarde tomaban margaritas en el pub inglés de la galería comercial. A Rebeca le gustaba el tequila. Se estaba enamorando de Singra, o más bien —sospechaba Amaral— de su dilatada leyenda. Una madrugada los sorprendió bebiendo por el barrio judío. Amaral no supo fingir cuando Rebeca le confió que Singra y ella habían comenzado a salir. «¿Y yo?», se había sublevado Amaral. «Tú eres diferente», había afirmado Rebeca permitiendo que la besara aéreamente por primera y última vez.

El desierto se extendía hasta las montañas. Amaral redujo la velocidad porque el combustible se agotaba. Vanessa había apoyado en el salpicadero los pies descalzos, con las uñas pintadas de azul nazareno.

Un fulgor blanco atenazaba la dolorosa belleza de cárcavas y torrentes minerales. Amaral comentó que en los años sesenta se habían rodado spaguetti-westerns en aquellos estudios naturales anidados por quebrantahuesos como los que, desde hacía horas, sobrevolaban el coche.

—Acabaremos por bebernos el agua del motor —murmuró Vanessa.

Una extraña silueta alteró el paisaje.

Era un toro de Osborne. Gritaron de excitación.

—¡Salvados!

A juzgar por un letrero clavado a un poste telefónico, una gasolinera rural les daba la bienvenida al mundo conocido. A lo lejos, entre la calima, asomaban los picos.

Un hombre de piel de lagarto les indicó los cuartos de baño. Salieron chorreando. La camiseta de Vanessa transparentaba turbadoras curvas. Amaral se atragantó con una cerveza helada. La espuma le corrió por la barba.

—Ha sido increíble.

—¿Te refieres a tu gilipollez de perderte?

—Michael preguntará por esos pájaros, los quebrantahuesos. Le escribiré. Explicaremos que son carnívoros, que arrancan los ojos de los presos condenados a trabajos forzados...

—El sol te ha fundido los plomos, Amaral.

—¡Otro par de botellas, amigo! No hay de tu marca, Van, pero antes o después la encontraremos. Déjame decirte algo.

—Tranquilo, Víctor Manuel.

—No soporto que me llames así. Ven a darme un beso, Van. Eso es. No era tan difícil, ¿verdad? ¿Qué te parece si lo hacemos ahí dentro? En el de caballeros, quiero decir.

—¿Tienes algo contra el de señoras?

La acrobacia erótica tensó sus abdominales. Desnuda, Vanessa había extendido los brazos en cruz para aferrarse a los caños colgantes del techo de uralita. El calor era insoportable. Amaral la sostuvo por la cintura, que se agitaba en semicírculos como una serpiente. Una ingrávida sensación elevó al hombre. Los pechos de Vanessa se agitaban al ritmo de su respiración. Cuando ella explotó en un orgasmo él se quedó rígido, para entregarse poco después en una descarga energética que hizo flaquear sus piernas. Humilló una rodilla. Tuvo que arquear la espalda para sostener su peso. Vanessa había encadenado la mecánica del placer múltiple y lloraba, gritaba...

El paisano de piel de saurio escrutaba la escena por el ventanuco del baño. Un digno Amaral le soportó la mirada.

—¡Fuera de aquí, mamador de pollas! —le gritó Vanessa.

En la carretera crecía una nube de polvo. Vanessa volvía a gemir con un estertor regular. Aferrado a sus muslos, Amaral vio un coche estacionando junto al surtidor. El manager hizo un esfuerzo para identificar esa cara.

—No te lo vas a creer, Van —susurró—. David J. Singra está ahí afuera.

La muchacha se liberó de él. Sudoroso, Amaral procedió a abotonar los complejos cierres de su pantalón.

—¿Tú primero?

—Allá voy —resolvió ella.

Ajustándose la empapada camiseta, Vanessa fue al encuentro de Singra. El asesor no vaciló al reconocerla, pero su saludo resultó sólo cortés. Un tanto cortada, olvidando el trauma de su reciente divorcio, Vanessa le preguntó por Rebeca. A partir de ahí la conversación zozobró.

—Amaral está aquí.

—¿En serio?

—Necesitaba ir al baño.

Singra contempló el cobertizo.

—¿Ahí dentro, quieres decir?

El asesor permaneció inmóvil. Un impulsivo Amaral se le abrazó.

—¡David, querido almirante! ¿Sabías que le llamaba así, Van? Almirante del barco de los sueños perdidos... ¿Tienes un porro?

Singra sonrió.

—Hay una china en mi maletín.

—¿Te importa liarlo? —sugirió Amaral, empujando a Vanessa; su colaboradora se introdujo en el Volvo—. ¿Hacia dónde vas?

Singra señaló las montañas.

—¿A tu cabaña de robinson?

—Me alegro de que las cosas te vayan bien, Amaral.

—Bueno, aunque lo hago constantemente no debería quejarme. Hay rumores sobre tu regreso a las pistas, Mac.

Los dos habían ido creando un argot tenístico. Mac, McEnroe, era Singra. Según jugara al fondo o combinase su estrategia con aproximaciones a la red, Amaral disfrutaba de un abanico de seudónimos: Thomas (Muster), Pete (Sampras), Goran (Ivanisevic). Normalmente ganaba Mac, pero Thomas, agarrándose a la pista, le había derrotado en alguna ocasión.

—Tal vez haga algún bolo.

—¿Electoral?

Dando a entender que el tema estaba agotado, Singra se encogió de hombros.

—Rebeca me dijo que andabas coqueteando con Embún —insistió Amaral—. No es trigo limpio.

Vanessa había encendido el canuto dentro del coche. Le aplicó una serie de rápidas pitadas y lo pasó a Amaral.

—Prohibido fumar —advirtió el hombre de la piel de saurio.

—Alejémonos —propuso Amaral.

—Vas descalzo —observó Singra.

«No importa», había dicho Amaral. Horas después, adormilado por el zumbido del avión que le transportaba a Colonia, donde tenía una nueva reunión con Oskar Poborska, se esforzó por establecer si aquella escena había sido real o una ilusión de sus sentidos.

Aparentemente, Singra y él habían dejado atrás la gasolinera, a Vanessa Bocángel, al distribuidor y a aquella otra muchacha vestida con peto vaquero que les observaba desde los escalones de la oficina. Habían fumado aquel petardo africano cuya pasta se aferraba a la garganta como Muster/Amaral al fondo de la pista. Se habían sentado en una roca de mallacán desde la que se veía el tendido eléctrico y la vía del ferrocarril. Pero ¿era realmente David J. Singra aquel tipo con la camisa zurcida, apático, patético, que rehusaba conversar después de tantos meses de silencio? En la soledad del avión, mientras consumía una ginebra para conciliar el sueño, Amaral decidió que aquello jamás había sucedido. Van y él no habían hecho el amor hasta casi morir de placer en aquel cuarto de baño plagado de cucarachas, ni hubo nunca una nube de polvo en el horizonte, ni había fumado hachís con el fantasma de su maestro en el arte de la comunicación. Pero...

—Está muy jodido —le había dicho luego a Vanessa, a modo de resumen—. Jodido de verdad. A fondo.

—Le pregunté por Rebeca —se lamentó Vanessa.

Cuando el Volvo de Singra se hubo perdido por la carretera del norte, Amaral, afectado por el porro, se empeñó en comprar unos zapatos en el pueblo más próximo. Antes de marcharse, Singra le había regalado el resto de la china, que olía a musgos podridos. Vanessa se apresuraba a liar un segundo canuto cuando brotó de la tierra un villorrio con su recta calle mayor y la cruz de una iglesia.

Amaral aparcó el deportivo en la plaza, debajo de una sabina gigante en cuyo tronco la municipalidad había incorporado un cartel que rezaba, con jota, «Sabina Jigante». Al promotor le produjo tal hilaridad que envió a Vanessa al bar a por una caja de Budweiser. Sólo había San Miguel. Se bebió tres sin salir del coche, contemplando la sabina «jigante» mientras oía los mensajes de su buzón de voz y los críos le requerían autógrafos porque su foto se había publicado junto a la de Michael Jackson.

—Cuando seáis menos pardillos os hablaré de la gloria —farfulló Amaral, preguntándose cómo era posible que en el siglo XXI alguien quisiera vivir en una aldea como ésa.

Había olvidado los zapatos. Salió del coche descalzo, con el porro y una cerveza. Seguido por los chiquillos que saltaban en torno a su novia, se encaminó a la iglesia. Antes de entrar apuró el canuto. Asombrada, Vanessa lo vio santiguarse con agua bendita.

—¿No eras ateo?

—¿Qué sabes de mí? —murmuró Amaral, clavándose de rodillas en un banco de madera—. ¿A qué hora sale mi vuelo?

«A las ocho», había informado Vanessa, recuperando su cualificación de secretaria de producción.

Apenas una docena de fieles asistía al oficio religioso. Una colérica sombra ofuscó la expresión del párroco cuando aquella pareja de persas profanó su templo. Pero en seguida vio santiguarse y arrodillarse al hombre del smoking. Su recogimiento le calmó.

Descarnado como un profeta, el sacerdote dedicaba su sermón a la crucifixión del Hijo. Escenas del Gólgota se trenzaban en su boca con imágenes apocalípticas del Juicio. Parecía inspirado. La sangre del Hijo, el centurión, la cruz recortándose contra un cielo ígneo...

—Michael —dijo de pronto Amaral.

Vanessa le miró como si estuviera loco.

En el pórtico fueron asaltados por un torrente de niños. Uno de ellos apuraba la lata de cerveza. Amaral buscó en vano la colilla del porro. Vanessa le empujó hacia el coche.

—Estás ciego. No deberías conducir.

—Acabo de tener una idea mortal, Van —dijo el manager con la voz pastosa. Encendió el motor y abrió la ventanilla para arrojar unas cuantas monedas a la tropa infantil—. ¡Despejando, piojos! Escucha, Van. Imagina el concierto. ¿Lo tienes? Al final, justo antes de que estallen los fuegos... ¿Qué se alza en el centro del escenario? Una cruz. ¿Y quién, mientras suena un saxo, o una trompeta, es crucificado?

—¿Michael? Herético, Víctor.

—No soporto que me llames así, princesa.

—Jackson no se prestará. No vendrá.

—¿Qué te apuestas?

—Un millón de dólares —sonrió Vanessa Bocángel—. Total, ya debes tres punto cinco.

—Necesito una raya —dijo Amaral, desesperado. O quizá lo pensó, no recordaba.

15

Esa facultad es como un ser dentro de mí. Aseguran de mi memoria, modestia al margen, que es capaz de recordar el detalle más sutil, la más lejana anécdota. Puedo traer al presente, por ejemplo, la orgullosa expresión de Fermín Galán, preso en la guerra de Jaca, frente al tribunal que habría de condenarlo a la máxima pena. Yo tenía dieciséis años. Era el botones de la redacción. Tras una noche de champán y mujeres acompañé a nuestro enviado especial, el abuelo de Risco. Cruzamos las líneas en un Ford T... A menudo sueño con el olor de la pólvora. ¿Quién diría que no fue ayer?

Ayer, precisamente, identifiqué a ese policía apostado en la plaza de Los Mártires, bajo la sombra de los magnolios, rodeado de niñeras y madres, y borrachos soñando paraísos bajo las parras donde los niños de cinco generaciones habíamos jugado hasta descubrir que la infancia era el primer disfraz del dolor. ¡Aquel hombre que escrutaba las ventanas de *El Comercial*, como si detrás se ocultaran los secretos de las pirámides, me había detenido, golpeado, encarcelado en 1958, el 11 de febrero de 1958!

Sí, estuve en la cárcel. ¿Acaso no suma casi un siglo demasiada vida como para no haber incurrido en el delito? El mío consistió en firmar un artículo contra el gobernador civil. Un tal Céspedes. Murió de flebitis, años después, en una ciudad pequeña, Mérida, Tarragona, en el olvido... Había encausado a una corista amiga mía (bien: era mi amante) por escándalo público. Pobre mujer; hoy ni siquiera tomaríamos en cuenta ese nivel de provocación. En escena fumaba cigarrillos con un estilo muy especial. No, no creo que lo adivinen tan pronto. Eran cigarrillos de importación, emboquillados, con clase, pero ella no los fumaba exactamente por la boca, ¿entienden? Para demostrar mi amor no se me ocurrió prueba más heroica que denigrar en mi columna la imagen del tirano franquista. Me acusaron de sedición... Fue aquel sicario ahora parado en la plaza quien me llamó comunista, anarquista, hijo de perra; quien me empujó a un calabozo donde ambienté la más oscura de mis tragedias. Una de las pocas, paradójicamente, que eludió la censura.

Quintín Racaj ratificó mis sospechas. Su apellido, Bravo, no me dijo nada, pero me alegró saber que Racaj le estaba investigando. Cuando el discípulo de Risco tomaba la determinación de seguir una pista, uno podía estar seguro de que lo haría hasta el final. Si hacía presa, no aflojaba el bocado. El chico era frío como las agallas de esos peces contaminados que a veces pican de noche junto a los embarcaderos del puerto fluvial, pero tenía temple y una indesmayable voluntad.

Yo solía decirle, a modo de estímulo, asomándome a su despacho, donde resultaba difícil oírse a causa de la percusión de los télex:

—Hace demasiado tiempo que una pluma de esta casa no gana el premio nacional.

Entonces se me quedaba mirando como a un padre.

El sargento Bravo había puesto la cafetera a hervir cuando distinguió una mancha debajo de su puerta.

La primera fotografía venía en un sobre color ocre del tipo que se utiliza para certificados postales. No incluía remite ni dirección. La cinta adhesiva no había sido desprovista de su tira protectora, por lo que Bravo no necesitó rasgarla para desvelar su correo: una imagen suya junto a la puerta de su casa, rígido, con cara de pocos amigos, amenazando con el puño en alto. En el interior del sobre no había nada más.

La segunda fotografía esperaba sobre su mesa de trabajo, en comisaría, entre expedientes y paquetes postales. Según su costumbre, había madrugado para fichar. Estaba solo en el departamento, y se alegró. El sobre era idéntico. Había sido cerrado, como por una cortesía adicional, y su nombre escrito con irregulares letras. La fotografía, también en blanco y negro, del mismo tamaño y revelada en la misma clase de papel, lo reflejaba entrando en un hotel, de uniforme.

Trabajó todo el día. A eso de las seis de la tarde, cansado, sin haber comido, regresó a su domicilio.

El teléfono sonó poco después.

—Quintín Racaj —dijo aquella voz metálica que estaba aprendiendo a odiar.

—Le dije que se equivoca conmigo. ¿Qué anda buscando? ¿Dinero?

—Preferiría salir de dudas. Será un minuto, sargento. El tiempo de tomar un café.

—Déjeme en paz —se alteró Bravo—. ¿Me oye, cabrón?

Desconectó la línea, cerró las persianas y se tumbó en el sofá en camiseta, con una cerveza y la televisión a fuerte volumen. Abrió una lata de pescado que cumplía fecha de caducidad. Con un tenedor manchado del desayuno troceó la conserva y comió directamente del envase. Tomó una ducha fría que contribuyó a serenarle e intentó dormir, pero pasó la noche en blanco pensando en las fotos y escuchando programas de radio.

El tercer sobre había sido remitido al cuartel. Esta vez venía abierto. El sargento escrutó a la secretaria, que procedía a marcar los periódicos para el resumen de prensa. Persuadido de que no había curioseado, le dio la espalda y extrajo la fotografía.

Había sido tomada en el bungalow. En primer término se le distinguía a él. Llevaba la camisa abierta y arrastraba el cinturón con el arma. Justo detrás, aunque el grano del revelado velaba su rostro, se adivinaba la silueta de una mujer.

—Tiene una llamada, sargento.

El policía descolgó el auricular.

—Bravo, estupefacientes.

—Buenos días, sargento —dijo la voz de Racaj—. ¿Ha pasado buena noche?

—No vuelva a llamarme —silabeó Bravo—. No vuelva a hacerlo.

—¿Prefiere un sitio discreto? Conozco un bar donde nadie nos molestará.

El sargento colgó. Esa jornada patrulló la Morería, un arrabal junto al barrio judío donde se concentraba la población de emigrantes. Estaba de pésimo humor. Practicó detenciones preventivas a dos árabes sin visado y regresó a comisaría. En el comedor ocupó una mesa vacía. Acababa de servirse el rancho en una bandeja de aluminio cuando su hijo, el teniente Bravo, le distinguió entre los uniformes azul marino. Era más alto y no parecía su hijo.

—Está pasando algo raro —dijo en voz baja para que no le oyeran los policías sentados al otro extremo del banco—. He recibido una llamada anónima. Decía algo sobre ti y una mujer. —El teniente hizo una pausa para mirar a su padre—. Una menor, una tal Joy.

El sargento parecía concentrado en el arroz que rebosaba la escudilla metálica.

—Dijo que volvería a llamar con más información —insistió el teniente.

—¿Es todo?

—Dijo algo sobre la investigación interna. Que pagan justos por pecadores. Algo así.

El sargento Bravo montó unos granos de arroz y se llevó el tenedor a la boca.

—Estoy de guardia —vaciló su hijo—. Puedes llamarme al móvil. Esa gente de asuntos internos no consideran demasiado las fuentes. Sólo la información.

—Lo sé.

—Quiero decir —insistió el teniente— que, del mismo modo que me ha llamado a mí, ese soplón también podría llamarles a ellos.

El padre le destinó una mirada lacónica.

—Si eso sucede quiero que me lo digas, ¿de acuerdo?

El sargento asintió, ensimismado en el montoncito de arroz. Terminó de comer y bajó a calabozos para interrogar a los sospechosos. No era la primera vez que esos árabes se cruzaban en su camino. Uno de ellos había cumplido años por tráfico de heroína. Apenas llevaba diez minutos en la celda, encerrado con ellos, y ya les había golpeado (conmigo lo hizo antes de que tuviera tiempo para pronunciar una palabra), cuando la secretaria de su departamento comunicó con él por la línea interior.

—Le reclaman de asuntos internos.

—¿No pueden esperar?

—Acuda al despacho del subcomisario, sargento. Es una orden.

Era el tercer interrogatorio en menos de un mes.

—Diga que me presentaré de inmediato. En cuanto haya arreglado a este par de moros.

La cuarta fotografía asomaba por su buzón particular. El sargento imaginó que cualquiera podría haber saltado la verja y, simplemente, apropiarse del sobre. La imagen ofrecía lugar a escasas interpretaciones. Con el bungalow de fondo, entre los pinos, el sargento y una adolescente de color, de piernas bruñidas, felinas, se abrazaban por el sendero. En un ángulo, encima de las copas redondas de los árboles, emergía el neón del burdel. El sargento rompió la foto. Bebió una tras otra varias cervezas, encendió la radio y la televisión, apagó la luz, se acostó.

A las once sonó el teléfono.

—Quintín Racaj —dijo esa voz de pájaro—. De *El Comercial.*

Bravo se presentó con demora. Vestía un traje de poliéster con manchas en las solapas. Racaj esperaba en el restaurante donde solía comer, siempre solo, antes de regresar por la tarde al periódico.

—Sargento —se levantó, estirando una diestra que Bravo no estrechó. El reportero volvió a sentarse. Dejó las flacas manos sobre el mantel, junto a una grabadora y un cuaderno.

—Aparte eso.

Racaj recogió el aparato en un macuto que colgaba del respaldo de la silla.

—¿Tiene hambre? ¿Quiere comer algo?

—Las fotografías —dijo el sargento.

El periodista le entregó una carpeta. El sargento revisó las copias.

—Los negativos.

—¿Seguro que no le apetece nada? ¿Una cerveza? ¿Un bistec?

El sargento no contestó. Sus manos aplastaban la carpeta contra el mantel. Racaj indicó al camarero que no deseaban nada.

—Últimamente he estado investigando un poco aquí y allá —prosiguió el periodista, con su voz aguda—. Presuntos sobornos, tramas de corrupción. Demostraré que ciertos oficiales cobran por, digamos, omitir el cumplimiento de su deber. Agentes sin escrúpulos, a los que probablemente usted, ajeno a sus actividades ilícitas, trata a diario. Manzanas podridas en el cesto de un cuerpo que debería estar sano.

Bravo había compuesto una expresión torva.

—Podría publicarlo, como le decía —continuó Racaj—, pero sospecho que se trata de un tema menor. Policías de mediana graduación que pagan hipotecas aceptando migajas del hampa. ¿En qué gran ciudad no sucede lo mismo?

—No olvide a los suyos —arguyó Bravo, con odio.

—A veces me pregunto para qué hacemos las cosas —siguió el reportero, como si hablase con un antiguo amigo—. Nunca hay nadie ahí afuera dispuesto a apreciarlas, a otorgarnos un reconocimiento público. Mírelo de otro modo, sargento: entre ustedes y nosotros no existen grandes distancias. Somos soldados. Pertenecemos al bando de los que nunca ganan. Nos pagan con la misma indiferencia. ¿Es usted demócrata?

—Entrégueme los negativos.

—Puedo imaginar.... —divagó Racaj; percibía la amargura del policía como una materia informe, como un recipiente lleno de suciedad— lo que sienten a veces, cuando no tienen con quién compartir la verdad, ni siquiera los hechos. Debe de ser duro.

—Guárdese su compasión. Déme lo que he venido a buscar.

—Sea paciente. Tomar esas fotos me llevó trabajo. Tuve que malgastar semanas para aprender sus horarios, sus hábitos.

Reducida a una ranura, la mirada de Bravo le advirtió que no atravesara otro límite. Racaj se preguntó si iría armado. Si aquel hombre habría matado alguna vez.

—Le entregaré las películas, sargento. Quedará como un simple incidente entre nosotros, o si lo prefiere quedará en nada. A cambio le pediré nombres. Entiéndame: no necesito la lista de camellos de la Morería. Quiero a los grandes, y también una conexión para llegar hasta ellos.

El policía se limpió la boca con el puño de su camisa. Racaj prosiguió:

—Sabemos que este tipo de colaboración presenta sus riesgos. Mi periódico y yo estamos dispuestos a gratificar su valiosa ayuda. Del modo que usted prefiera, sargento. Lo hemos hecho otras veces. Nadie lo sabrá y todos saldremos ganando. ¿Le apetece un bistec ahora? ¿Sí? Verá qué pronto seremos amigos.

16

Desde su paso por la sección de sucesos, a David le había fascinado el barrio judío, su laberinto medieval, el rumor de pasos perdidos por los callejones de la Morería. Algunas tabernas no habían cambiado desde el siglo XIX. Le gustaba aislarse en el diminuto cementerio donde se oía cantar a los pájaros. Entre esas lápidas estaba enterrado su padre, un profesor de instituto.

Paseaba sin rumbo, buscando un tabaco inglés entre los puestos de cigarreras, cuando vislumbró a Natalia. En un primer momento dudó de su identidad porque la mujer de Embún, con su cazadora vaquera, el pelo suelto y gafas de sol, parecía una adolescente. Cuando estuvo seguro de que era ella decidió seguirla. La vio entrar en un café frecuentado por artistas del barrio y saludar a un hombre de la edad de su marido, esbelto y serio, cuya presencia desentonaba con la bohemia del local.

Natalia y su amigo permanecieron el rato de tomar un café, en pie, las bocas demasiado juntas. Él pagó y tomaron por la calle de la Cárcel, tan angosta que apenas entraba el sol. El hombre rodeó su cintura. Ella descansó contra su hombro. David escuchó su risa, que juzgó estentórea, como si estuviera nerviosa o hubiese bebido.

Franquearon el zaguán de una pensión sin estrella, cuyos herrumbrosos balcones asomaban a la casa frontera. Desde una esquina que olía a gatos, Singra la imaginó en la sórdida intimidad de una habitación sin luz, rebajándose en el placer. Tuvo que hacer un esfuerzo para desandar el dédalo de calles rechazando a las mujeres que le abordaban con una proposición en los labios pintados.

Caminó hasta el centro. La brisa mediterránea venía a dulcificar el bochorno. Una muchedumbre regresaba de las playas. Singra odiaba la multitud. Desde que vivía en las afueras apenas frecuentaba la ciudad, los escenarios de su antiguo trabajo.

Había quedado con César Ruana, jefe de la sección económica de *El Comercial*, en un bar nuevo, una especie de cripta donde el humo ascendía en espesas columnas al ritmo de la música.

Singra sospechaba que nunca le había resultado simpático. Ruana era un corredor de fondo hecho a sí mismo en los años sesenta. Había comenzado su carrera como agente publicitario, progresando desde allí a la redacción. Algo hasta cierto punto común en aquella época, pero que la gente había olvidado. Nadie se explicaba cómo podía llevar un fuerte tren de vida. Se rumoreaba que nunca había abandonado por completo su cartera de anunciantes, a quienes seguía favoreciendo desde las secciones de información general.

Como subdirector, yo había intentado expulsarle varias veces de *El Comercial* por algo más que presuntas corruptelas, pero se me escurría como una materia resbaladiza y húmeda, la misma clase de barro de que debía de estar hecha su alma. Su estilo literario rezumaba ese perfume barato del periodismo provinciano. Gozaría de padrinos, apoyos políticos, porque ahí seguía, contra mi voluntad, ocupando una mesa de rango, con teléfono propio, dos reporteros a sus órdenes y el mejor coche de la plantilla aparcado en la calle.

Ruana apareció con retraso, pero no se disculpó. Tenía buen aspecto, bronceado, enjuto; incluso, percibió Singra, se avalaba con modales de hombre mundano. Nunca había estado en ese club, dijo, y no bebía alcohol. Tomaría agua tónica con hielo y limón. Tratando de no mirar a la chica que se desnudaba sobre un podio, Singra pidió dos, la suya con vodka, y se entretuvo preguntándole por los muchachos del periódico, el necrófilo Risco, los columnistas de última generación. Ruana respondía en su monótona clave, sin agregar juicios, ningún comentario. Cuando Singra hubo concluido su viaje al pasado, y con él su copa, se hizo un silencio espeso. La bailarina terminaba su actuación encadenando una lenta serie de movimientos sensuales.

—Supongo que no me habrás molestado para hablar de los viejos tiempos —dijo Ruana mirando el reloj—. Dentro de un cuarto de hora tengo otra cita.

—Quería pedirte un favor.

El periodista le indagó, irónico.

—A un amigo le vendría bien una entrevista. De carácter general, ya sabes. Objetiva, limpia.

—¿Quién es?

—Jesús Embún.

—¿Trabajas para él?

—Ha llegado a la conclusión de que necesita un asesor.

—Y ha pensado en ti. No es mala elección, si tenemos en cuenta que te has codeado con medio Gobierno. Dime, Singra. ¿Es cierto que ganas tanto?

—La época de vacas gordas ya pasó.

—Los gastos, Hacienda, la pensión de tu exmujer... —enumeró Ruana, burlón.

—Eso es.

—Pero te va mejor que cuando ese viejo rijoso de Vázquez de Luco te destacaba a cubrir fiambres.

—Bastante mejor.

Ruana miró a la muchacha, cuyo vestuario se reducía a un tanga.

—¿Es importante esa entrevista para ti?

El asesor repuso, sin dudar:

—No.

—Me alegro, porque de ese modo podremos enfocarlo como una actividad meramente laboral. Somos profesionales, ¿no es verdad, D. J.? —Singra asintió—. Y para tu cliente, ¿es decisiva esa entrevista?

El asesor afirmó.

—Pero él no lo sabe, ¿me equivoco?

—Todavía no.

—¿Sólo una entrevista? —avanzó Ruana, con cautela, midiendo el terreno.

—Tal vez el diseño de campaña exija una información sostenida de mi cliente.

—¿Durante qué plazo?

—Cuatro o cinco meses.

—Las elecciones son en febrero —razonó Ruana—. ¿No pensará presentarse?

—Quizá.

—Y quizá me canse pronto de esta conversación, Singra.

David pidió otra ronda. Tuvo que luchar contra una imagen de Natalia Embún formándose en su mente. Esa sórdida habitación...

—Al Senado.

—¿Embún, senador? —rompió a reír Ruana—. No es trigo limpio. ¿Te has propuesto arruinar tu carrera?

—La política es así.

—Por favor. Los empresarios pondrán el grito en el cielo. Todo el mundo sabe que ha sobornado a medio país. ¿Qué crees que dirá mi periódico?

—Lo que tú escribas.

—Está el redactor jefe, el consejo editorial, la dirección...

—Tu línea lanzará su candidatura. Has firmado operaciones más ambiguas.

—Eso no me halaga.

—Me refería a tu altruismo.

—Ya —sonrió Ruana, con rencor—. Siempre supe que por encima de tu cara de ángel y tu mala literatura no eras más que un gigoló en busca de una oportunidad.

—La naturaleza humana es un misterio, César.

—No para mí.

Ruana apuró el agua tónica y volvió a consultar su reloj.

—Senador.

—La gente necesita ilusiones.

—¿Cuánto para ti? ¿Cinco millones, diez?

Singra se encogió de hombros.

—Esto te va a costar dinero.

El asesor asintió.

—Llamaré a Embún dentro de un par de semanas —decidió Ruana—. Pásame un cuestionario. Quiero que estés presente. Déjame tu pluma. Anotaré lo mío al dorso de la cuenta.

David sonrió. Su sonrisa era casi lasciva. Cuando César Ruana se hubo marchado dio la vuelta al ticket y leyó la cifra. Sonrió de nuevo, satisfecho.

17

—¿Hay alguien?

La calma envolvía la casa. El porche estaba abierto. Dentro, en el salón, giraban las aspas del ventilador.

—¿David?

Bruscamente, Singra salió del dormitorio.

—¿Cuál es la condena por profanar tu santuario?

Pese al calor, Rebeca llevaba un traje de chaqueta. David respiró su perfume, ese fuerte y familiar aroma a espliego.

—El verano no termina nunca —comentó ella pasando revista a las habitaciones sin disimular su desagrado—. ¿Cómo puedes tener así la cocina? Es un asco.

Hasta ese momento, David había conseguido impedir que pisara la casa del barranco. Ella insistía de vez en cuando, por curiosidad, pero él alegaba distintas excusas.

—Tostao sólo limpia el jardín —se disculpó el asesor tropezando con un fichero derramado por el suelo.

Rebeca se echó a reír.

—Dudo que a tus visitas femeninas les cause buena impresión. ¿O llevas a tus chicas al hotel más próximo?

—¿Estás celosa? Me dejaste tirado, no sé si lo recuerdas.

—Te recuerdo tantas veces... —dijo ella sentándose en el filo del sofá con las rodillas juntas—. Cuando menos lo imagino, cuando no hay motivo ni...

—Me olvidarás.

—Háblame de ellas.

David la miró con severidad.

—Me refiero a las mujeres con las que te has acostado.

—Deberías visitar a un psiquiatra. ¿Quieres la dirección del mío?

—Me gustaría estar en su lugar —murmuró Rebeca; parecía una actriz interpretando un papel, pero su expresión era hueca.

—¿No crees que ya nos hemos hecho bastante daño?

Rebeca ocultó la cara y empezó a llorar. David salió al porche. El aire estaba quieto. Hojas de un árbol del paraíso flotaban en la piscina.

Se oyeron sollozos. El asesor dejó vagar su mirada por la panorámica de la ciudad. Heridas de luz, las Torres de Embún destacaban sobre los edificios más altos. Daba la impresión de que los aviones rozaban sus parabólicas.

Se puso un bañador y nadó hasta agotarse. Sentada en el escalón del porche, Rebeca jugaba con sus zapatillas de atletismo.

—Lo siento.

—Alcánzame la toalla, por favor. Detrás de la hamaca.

Ella le secó el pelo, más corto desde que frecuentaba la barbería del barrio judío.

—Te vas a desgarrar la falda —advirtió él, aludiendo a los herrumbrosos clavos que sobresalían de los peldaños.

Rebeca sonrió con tristeza. Tenía los ojos irritados, las mejillas húmedas.

—Merecías a alguien mejor que yo.

—Déjalo, Rebeca.

—Has cambiado. Apenas te conozco.

—Me sobran algunos kilos. Dentro de poco volveré a ser el de antes.

—¿El regreso del Mago? —bromeó Rebeca.

—Llevo demasiado tiempo fuera de foco. Demasiados fines de semana en la montaña, mirando las estrellas, formulándome las grandes preguntas. He concedido a otros demasiada ventaja.

—¿A Feyto, por ejemplo?

Singra la contempló con un arrebato de cólera. Rebeca era así. Podía transcurrir de un sentimiento a su opuesto. Podía herir sin darse cuenta. Él dijo:

—Durante una época pensé que contigo había encontrado el equilibrio. Un matrimonio estable, un ámbito donde envejecer con dignidad. Pero siempre hubo entre nosotros algo extraño. ¿Una especie de mutua insatisfacción interior? ¿Provocada por qué? No lo sé, nunca lo supe. Me despertaba y te miraba en la cama preguntándome quién eras, hasta qué punto serías capaz de traicionarte y traicionarme por alcanzar... ¿la gloria? ¿Recuerdas al bueno de Amaral, tan iluso, hablando de la inmortalidad como si fuese una producción artística?... Pero querías saber cosas de esas mujeres. Hubo otras, es verdad. Apenas recuerdo sus rostros, sus cuerpos...

Esas turbulentas historias fueron consecuencia del vértigo, me había confesado Singra, de la velocidad a la que se obligaba a vivir. Después de la campaña de Feyto cayó el telón. Ella se fue. Él se habría puesto a pintar en serio, a escribir, pero se limitó a vegetar alimentando viejos fantasmas en el castillo de su autocompasión.

Nada había cambiado. Su ex-mujer seguía siendo la misma chica maravillosa de la que creyó enamorarse un día, cuando la rescató de aquella emisora donde su sonrisa iluminaba las cuñas de los grandes almacenes.

Rebeca colgó la chaqueta en el respaldo de la mecedora. Su blusa de popelín transparentaba los hombros tapizados de pecas.

—Sécate —dijo pasándole una mano por el pelo.

—Déjame adivinar —la interrumpió él—. Has venido a hablarme de Feyto.

Imaginó al presidente en su escritorio, inclinado sobre una altura de documentos, leyendo, firmando.

Después de su victoria electoral, Feyto había querido que Singra, su hombre de confianza, le acompañase a inspeccionar la casa del poder. Reprimiendo su auténtico estado de ánimo, de una euforia casi infantil, saludaron con fingida severidad a los funcionarios palaciegos. El asesor revisó los teléfonos y la caja fuerte, oscura como la memoria de un régimen. Entonces Feyto le ofreció continuar a su servicio. David había aceptado sin vacilar un alto cargo. Llamaron a un ordenanza y pidieron algo de comer para preparar la rueda de prensa del nuevo presidente.

—Te equivocas. Tenía ganas de verte —dijo Rebeca.

—Pongamos punto final a esta comedia.

Entró al dormitorio. Se vistió y preparó café. Hasta que su amargo sabor lo calmó no quiso seguir hablando. Al espiarla desde la ventana se le ocurrió que, si nada hubiese ocurrido, esa escena merecería el rango de un acto cotidiano: Rebeca paseando por el jardín; la ciudad, el cielo. ¿De qué se alimentaba el germen de su destrucción, esa facilidad para arruinarlo, para perderlo todo? La sospecha de que todavía estaba enamorado de ella vino a torturarle más. Ahí estaba la chica de su vida, con los hombros llenos de pecas, paseando por un jardín que no se parecía al que una vez soñaron juntos. Ahí estaba, tres años después de que lo engañara con el arribista a quien acababan de elegir presidente, dispuesta a cualquier cosa para obtener lo que había venido a buscar.

Se sirvió otra taza y salió al porche. Tostao había pulido el suelo de piedra y el banco de madera. Entre las sombras de los cipreses Rebeca fumaba, nerviosa. Dijo:

—Siempre te ha gustado destrozar a la gente. Darlo todo para que no quede nada.

—Nuestra amistad no figura en el guión —repuso él.

—Esta vez no lo escribirás tú.

Rebeca tomó aliento.

—Dirigirás nuestra campaña, David J. Singra.

—¿Fue ayer cuando dimitió el ministro de Justicia? Las ratas saltan del barco.

—La posición no está perdida. Lucharemos hasta el final.

—Feyto huele a cadáver político.

—Le quedan algunos trucos de magia —replicó Rebeca, decidida a no dejarse provocar—. Para Navidad habremos remontado tres o cuatro puntos.

—¿Está a diez? —dedujo el asesor.

—A ocho.

—Vais a necesitar algo más que un director de campaña.

—Nos arropan los sindicatos, el gran capital... Habrá recursos, equipos.

—¿Mi grado de autonomía?

—Digamos que el presidente está dispuesto a someterse a un cambio de imagen radical. Respetará tu criterio.

—La situación ha escapado a su control. Hay corrupción por todas partes.

—Él está limpio —subrayó Rebeca.

Singra la miró con dulce ironía. «Yo no pondría la mano en el fuego», iba a decir, pero realmente dijo:

—Quisiera estudiar una oferta.

—He traído un contrato.

Rebeca fue al salón, donde había dejado el bolso. Regresó con el documento. Singra pasó páginas hasta la cláusula que especificaba las condiciones de pago.

—Habrá que redondear esta cifra.

—Supone un esfuerzo por nuestra parte, puedes creerlo. En cualquier caso, es negociable.

Rebeca fumó con ansiedad.

—Me darás cuenta de tus movimientos y gestiones, pero coordinarás toda la operación.

—Suprimiremos la exclusividad. Cláusula dieciséis.

—Una campaña presidencial es incompatible.

—Si no interfiere, no veo por qué. Se trata de un asunto anecdótico. Una simple candidatura al Senado.

—¿Qué siglas?

—Un francotirador.

—Eres incorregible. ¿Algún otro meritorio? —cuestionó ella, insegura.

—De momento, no.

Rebeca suspiró.

—Te enviaré el contrato firmado por el gerente del partido.

—¿Prefieres que lo discutamos cenando?

El perro pastor regresaba del monte. Se precipitó alegremente sobre Rebeca. Un trozo de membrana, quizá restos del ala de un pájaro, pendía de su boca. Singra arrojó el despojo al barranco.

—¿A las nueve y media?

—¿Dónde?

—Aquí.

La sombra de un avión oscureció el jardín. Rebeca miró su gran panza color verde musgo. Estudió sus uñas, jugó con las pulseras.

—A las diez —aceptó.

18

A menudo resistía tantos días sin dormir que el tiempo se convertía en una tenue conciencia. Abandonaba la redacción de madrugada, cuando me habían confirmado el cierre de la edición, pero aún, en la soledad de mi domicilio, leía o escribía hasta el amanecer.

Sobre las diez y media de la mañana, después de haber desayunado en la Cafetería Principal, siempre café americano, sin azúcar, con churros, después de mirar las piernas de las secretarias de los bancos y leer el ejemplar que yo mismo había corregido en galeradas, entraba en la redacción ensayando mi célebre sonrisa de galápago, terror de becarios, redactores corruptos y periodistas inclasificables como ese Quintín Racaj de voz de pájaro que madrugaba cada día y jamás libraba, acaso porque no tenía a dónde ir.

Aquel cabrón con pintas de Singra o cualquiera de los muchachos de sucesos, sección donde resistía la vieja guardia del periodismo racial, habrían podido iniciar al joven Quintín en las fuentes nocturnas de la prensa canalla, pero Singra estaba ocupado fabricando presidentes o lamentando sus tragedias de amor, y Risco y los suyos, después de haber intentado en vano arrastrarle a la perdición, optaron por dejarle en paz. Solo, como él quería estar, en su zaquizamí de teletipos, con sus notas y cintas, y con esa lívida y enfermiza palidez.

Yo sabía por una de las limpiadoras, viuda de un linotipista, que Racaj llegaba a las ocho. Colgaba esa trinchera suya y, como si de la perseverancia fuera a surgir la lucidez, inclinando la cabeza bajo la lámpara se ponía a revisar sus cuadernos, agendas, fichas. Ordenaba apuntes, los pasaba a limpio y clasificaba hasta sentirse seguro de la información que estaba manejando. Consultaba enciclopedias, archivos. Era el redactor que más tiempo empleaba en la hemeroteca. No le molestaba el rumor de los teletipos que escupían sin cesar partes de agencias; cuando los rollos de papel se enroscaban por el linóleo del piso cortaba las hojas y, según materias, las repartía por las mesas, como un ordenanza.

¿Quién diablos era Quintín Racaj? El director nos lo había presentado sin agregar gran cosa a su decisión de incorporarlo a la plantilla de redactores. Su hosca presencia emanaba inquietantes atmósferas y esa clase de tensión que acostumbra a generar la timidez. Nunca hablaba de su vida privada, de seres próximos, de una mujer. Para él todas las jornadas equivalían a una misma consagración a su causa. Odiaba la corrupción más que un juez. Era un puro, un dictador. Cuando me exponía las pruebas del caso que estuviera investigando yo siempre tenía la sensación de enfrentarme a un tribunal.

Una vez me dijo que le gustaban las vidrieras emplomadas de la redacción y el olor a lejía del piso. Supongo que esas breves licencias resumieron sus máximas concesiones al sentimiento poético de la vida.

Pasaba a limpio sus notas. Escuchaba sus cintas. Cuando llevaba semanas sin acercarse a mi despacho yo le visitaba para apostrofar su rutina: «La literatura, Racaj, esa innoble ramera, atenta por esencia a la veracidad de los hechos. Usted ha nacido para exponer acontecimientos verídicos, no para especular sobre lo que no haya visto, oído o palpado con sus propias manos. Lo hará, y lo lamentará, pero yo tendré la conciencia tranquila por haberle advertido.»

A veces permanecía en mi despacho, callado y rígido delante de mí, mirando los libros de Miller o Anaïs Nin que yo releía como un tónico contra la tentación de intentar vencer nuestra naturaleza animal. Le hablé de ambos genios; incluso le ofrecí en préstamo sus inmortales obras. Se excusó alegando que apenas disponía de tiempo para leer otra cosa que periódicos. Le pregunté:

—¿Hay alguna mujer en su vida, Quintín?

—En el sentido en que usted respondería, no, don Leandro.

Por más que me sublevara admitirlo debía reconocer que Racaj era un buen periodista. Bueno de verdad. Pertenecía a la generación de los ordenadores, de la frase corta, pero era dueño de una paciencia antigua y de esa intuición de reportero de calle que lleva a tirar del hilo de complejas tramas. Su vida privada era secreta, aunque siempre pensé que ni siquiera existía. No tenía vicios, flancos débiles. No bebía ni frecuentaba los prostíbulos de la Morería. Nunca noté que una pasión acechase su hostil serenidad, su mundo de silencios y sospechas.

No ignorábamos que su pluma era de las más leídas, pero evité decírselo para no excitar su vanidad. Había escrito media docena de reportajes tan precisos y fríos como valerosos y dignos de reconocimiento. Su firma a una columna, en negras, era toda su recompensa por jugarse el tipo introduciéndose en ambientes que habrían hecho temblar a un veterano.

«Observen a la gente —solía repetir, con mi cascada voz de barítono, a los redactores, en particular a los que poseían cierto talento literario—. Si pretenden ganarse la vida escribiendo, observen a la gente.» Pero a Quintín, no sé por qué, nunca me atreví a darle consejos. Quizá porque sus ojos siempre abiertos detrás de las gafas emitían un brillo parecido al de los delincuentes con los que, cuando andaba tras algo serio, se entrevistaba en la prisión, ofreciéndoles dinero, o lo que fuera, a cambio de información.

19

Tras el volante de su coche, estacionado en la zona reservada a funcionarios, Tostao vio amanecer entre las estelas de los cazas de guerra.

Conduciendo un modelo ranchera, Embún llegó al aeropuerto a las siete de la mañana. Vestidos con el blazer y los pantalones canelas del Colegio Alemán, Alonso y Erik siguieron a su padre, que recorrió el parking a grandes pasos, tomándoles del brazo y hablando sin cesar.

Cuando hubo despegado el vuelo, el empresario hizo una llamada desde su móvil, junto a la portezuela del coche. Regresó al centro de la ciudad bordeando la base militar. A Tostao le gustaba aquel llano sin árboles, la tierra gris, los postes de luz, los pájaros.

Entre el tráfico cada vez más denso siguió a distancia a la ranchera hasta el garaje de las Torres, vigilado por guardias de seguridad.

Tostao esperó. Embún salió a mediodía. Esta vez conducía un Mercedes y llevaba a bordo otro pasajero. Al doblar la plaza pasaron tan cerca que Tostao pudo distinguir la marca del cigarro que fumaba su acompañante. Se dirigieron a la residencia de Embún. El boxeador esperó en las proximidades del control. Por la tarde, Embún y su invitado regresaron a la oficina. A eso de las siete, el financiero, esta vez solo, volvió a la urbanización.

Tostao anotó horarios, rutas, aquella inclinación de Embún a comer algo de color naranja.

Informó a Singra. El asesor escuchó sin dejar de levantar pesas en el porche.

—Mandarinas —explicó, acalorado por el esfuerzo—. Los millonarios suelen ser excéntricos. El nuestro se pasa el día comiendo esta simpática fruta.

Después de los ejercicios estáticos, David salió a correr por el monte. Había perdido peso y se sentía mejor, alegre y lúcido.

Mientras corría hacia las viejas vías del ferrocarril minero, cuyos herrumbrosos raíles se enterraban bajo arbustos y piedras, Tostao cocinaba el pescado para la cena. De los armarios de la cocina había desempolvado una vajilla sin estrenar. Él no lo sabía, pero era un regalo de boda. Trasladó una mesa al jardín, puso cubiertos de plata sobre el mantel de hilo, colgó del seto un farol de luz, cortó rosas y lirios. Cuando Singra regresó, empapado en sudor, y se hubo zambullido en la piscina, Tostao vigiló el horno donde se asaba la dorada, preparó una ensalada de frutas y seleccionó un vino noble. Dio de comer al perro, escobó el porche y colocó otro ramo de rosas rojas junto a la hamaca, por si la velada se alargaba en el porche. Recogió la cocina y se despidió de Singra, que continuaba nadando y probablemente no le vio.

Rebeca llegó a las diez. Recién afeitado, David distinguió su coche entre una nube de polvo.

Se había maquillado. El vestido liberaba sus pecosos hombros. Singra la precedió hasta el salón y cerró la puerta al perro.

—¿No puede quedarse con nosotros? —protestó Rebeca.

El asesor no se atrevió a sentarse junto a ella. Sintiéndose un poco ridículo, puso un disco de jazz. Notó que se le erizaba la piel cuando, al ayudarle a extraer la dorada del horno, sus manos se rozaron entre los húmedos trapos de algodón.

—¿Guardas nuestras fotos? —preguntó ella—. Yo las rompí.

—Creo que sí. Luego las buscaré.

Por el calor, o a causa de la carrera, a Singra se le hacía difícil respirar. Salió al jardín. El aroma de la albahaca se mezclaba con el tomillo y la salvia. Oscurecía. Pilotos de navegación surcaban el cielo. Las luces de la ciudad se extendían valle abajo, como luciérnagas.

David J. Singra y Rebeca Montenegro se habían casado en abril de 1990, apenas nueve meses después de conocerse en un programa radiofónico al que el asesor había sido invitado como experto electoral. Rebeca estaba al control quitándose y poniéndose los cascos, pinchando cuñas, regulando niveles de sonido. Todo el rato Singra le estuvo sonriendo sobre el hombro del presentador. Al concluir la entrevista no se despidió de ella, pero siguió mirándola desde el pasillo por el que le indicaban la salida. Tropezó con un perchero; Rebeca se rió. Una hora después se recibía en la emisora un ramo de lirios. De algún modo, Singra había averiguado su nombre. La invitaba a comer en uno de los mejores restaurantes. Rebeca llegó dispuesta a no contrariar las normas de cortesía, pero también a impedir que David J. Singra se introdujese en su vida por el simple mérito de haber adivinado su flor predilecta.

Daba por supuesto que la conversación giraría en torno a sus campañas, que el asesor, el hombre de éxito, la abrumaría con sus proezas mediáticas. Pero él no intentó deslumbrarla. Desde el principio se esforzó en dibujar alrededor de su mundo un círculo de palabras. Y, aunque Rebeca se mantenía a la expectativa, poco a poco, seducida por la franca invitación a hablar de sí misma, por las maneras distantes y tímidas de un Singra que ya nada tenía en común con el hombre aplomado, arrogante, del directo de actualidad, fue derivando de las intrigas de la emisora a confidencias que apenas sabían sus íntimos.

Le reveló, por ejemplo, su pasión por viajar. Cuando disponía de alguna semana, lo que a un técnico de emisión no le sucedía con frecuencia, tomaba al azar el primer vuelo. El destino la había trasladado a lugares lejanos, donde permanecía hasta que se le acababa el dinero, recorriendo ciudades en tren, sola, comiendo mal y durmiendo en cualquier parte, pero sintiéndose libre y en ocasiones feliz. Apenas hubo pronunciado este término se dio cuenta de que David J. Singra podía ser cualquier cosa, poderoso, enérgico, menos feliz.

A la radio llegaron más ramos, más lirios. Hubo nuevas citas en restaurantes de lujo donde los recibían con muestras de respeto. Rebeca comía por los dos. David se limitaba a manchar los cubiertos y a beber el vino blanco que lo achispaba un tanto, pero sin llegar a aturdirle.

La primera vez que la besó resultó cómico porque fue como en el rapto de un arrebato romántico. Paseaban por la catedral. Él resbaló y a punto estuvo de derribarla. Ella pensó que se estaba dejando seducir por alguien con quien sólo compartía el gusto por los lirios. Otro beso en el callejón de los anticuarios la hizo temblar porque en su sabor latía el deseo.

Según iba descubriendo su modo de ser, su sexto sentido, Rebeca dedujo que, en su núcleo, David era maleable, débil. Quc quizá, cansado de imponer sus criterios, sus trucos de imagen, aquellas mutaciones que alteraban la apariencia del poder, necesitaba olvidar, cambiar.

A raíz del matrimonio su química se tornó imprevisible. Ella emprendería su imitación, el aprendizaje de él. Como una flor venenosa nacerían los celos. Hasta que, inmersos en una oscura lucha, sin público ni testigos, la mutua competencia los transformó en dos sombras fugaces tratando de iluminar el cielo negro, las cajas vacías de la opinión.

El aroma da la dorada hizo recordar a Singra otras cenas con Rebeca. Tostao había asado el pescado en su punto, adornándolo con hojas de perejil y rodajas de limón en forma de estrella.

Un grillo cantaba en la noche.

El vestido de Rebeca flameaba a la luz de las velas. Sombras de aparecidos poblaban el barranco. Bebieron una copa de champán y salieron al monte iluminado por la luna. El perro corría delante de ellos. Singra notó la mano de Rebeca en la suya. Atrayéndola por la cintura intentó besarla.

—Por favor...

La besó acariciándola con furia hasta que ella le devolvió la temperatura de sus besos. La tierra estaba caliente. Hojas de pino se les clavaron como agujas.

—Deja que me vaya...

Se había incorporado, sacudiéndose el vestido, y ahora estaba delante de él, esbozando una sonrisa triste.

—Es demasiado tarde.

—No —rogó David.

—Lo es para mí.

Singra la siguió por el sendero. En el jardín apuró de un trago otra copa. Rebeca acariciaba la cabeza del perro.

—Gracias por la cena.

El asesor no contestó. Miraba el aura de la ciudad, los pilotos de los aviones en el cielo negro, las Torres de Embún.

—Me vuelves loca —añadió ella, marchándose rápidamente.

20

La sensación de velocidad iluminaba para él un universo comunicado por aeronaves ultrasónicas, trenes aéreos, drogas de diseño, prototipos futuristas, todos los hijos del rock aclamando al nuevo mundo desde revolucionarios sistemas de alta fidelidad. Había muerto por fin aquel país en blanco y negro, intimista y tradicional, de calle mayor, de charanga y pandereta, que tanto aborrecía.

A la altura del mercado de abastos, como una encarnación de la España cañí, su hermano Amador apareció de pronto. Amaral llevaba dos interminables minutos detenido frente al semáforo cuando le vio avanzando por los porches con aquel pantalón de pobre y una sucia camiseta de tirantes, arrastrando un saco. Era tan gitano que podría ponerse a cantar una saeta. También la piel del manager era cobriza, pero se aclaraba y alisaba el cabello y había comenzado a depilarse las cejas.

Reprimiendo una sensación de vergüenza, Amaral subió el deportivo a la acera y se dirigió a su encuentro. Nunca recordaba el número exacto de sus sobrinos. A veces tampoco conseguía recordar sus nombres. De su ahijado, en líneas generales, sólo sabía que debía de rondar los catorce años y que, a diferencia de otros vástagos de Amador, todavía no se drogaba.

Amador se le abrazó con esa timidez que le imponían sus trajes, las corbatas prendidas con el alfiler de oro y diamantes que solía lucir en las grandes ocasiones. Hacía meses que Amaral no se interesaba por su familia, por su ahijado, cuyo nombre le vino a la memoria en el último segundo; por la espalda de Amador, convaleciente de una hernia discal que debía de partirle la columna cuando levantaba pesos; por su menesterosa economía, siempre en los umbrales del salario mínimo y la beneficencia pública.

Amaral arrugó un billete de diez mil en el pecho de su hermano mayor.

—Cómprale algo a Ismael. Y cómprate unos pantalones nuevos.

—Debes venir al templo evangelista, a escuchar la palabra de Dios. ¿Cuándo vas a santificar su nombre, a tener hijos?

—Lo siento. Me esperan en el aeropuerto.

—Dice la Biblia que debes multiplicar nuestra sangre, la estirpe de los Amaral. Fíjate en mis seis varones.

Amador lo retenía por el puño de la camisa. Sus dedos estaban dejando un cerco alrededor de los gemelos. El promotor notó escozor en los ojos. ¿Le estaría haciendo llorar la emulsión de las cebollas hortelanas amontonadas en el saco de Amador? En la frente de su hermano, como en el tronco de un árbol, estaba escrita la antigüedad de su raza. A pesar del calor, Amaral se estremeció. Debía de ser el primero de una larga cadena de generaciones que no dormía bajo los puentes. A veces soñaba con imágenes nómadas, carros, bestias, mujeres que olían a comida y a bosque. Zíngaros, reyes...

—Debo marcharme, Amador.

—Te echamos en falta en las hogueras, para San Juan.

—Estaba de negocios.

—No te alejes de nosotros, Víctor Manuel. De tu familia. De lo que nos enseñó nuestro padre.

—No vamos a discutir ahora. Tú por tu camino y yo por el mío —agregó, sulfurándose, notando cómo la emanación de las cebollas laceraba su tejido pituitario—. Te he respetado siempre. Pues lo mismo vosotros a mí.

—¿Cuándo olvidarás a esas putas payas?

—No me gusta ese tono, Amador.

—Soy tu hermano mayor, Víctor Manuel. No me contestes.

En un instante ambos rodaban por el suelo. En el fragor de la pelea diversos objetos cayeron de los soportales: una cómoda de palosanto, una bicicleta china. Un frontal de somieres de ocasión se vino abajo con los relojes y porcelanas que colgaban de unos ganchos. Ladraban perros sin casta. «¿Será capaz de pegarme un navajazo?», se preguntó Amaral mientras estiraba la cabellera rizada de Amador hasta arrancarle grasos mechones.

Un policía los separó.

—No tiene importancia, agente —rugió el promotor, respirando con agitación. Se tocó la boca; la saliva era roja—. Somos hermanos.

—Nadie lo diría.

—Arregla esto, Amador —dijo Amaral entregándole un rollo de billetes. Su alfiler de diamantes brillaba en el suelo.

—Documentos —ordenó el guardia.

Amaral recogió el alfiler, corrió al coche, aceleró y se perdió por el arco romano que conducía al Puente de la Industria. Por el retrovisor evaluó los daños causados en el rastro. Las peleas con Amador solían ser memorables.

En su Rolex faltaban minutos para que tomase tierra el vuelo de Nagen. Se lanzó por la autopista a doscientos veinte, doscientos cincuenta... Otra vez el bálsamo de la velocidad cauterizando sus heridas genéticas. De nuevo el vértigo ordenando un mundo psicodélico. Música, amor, cocaína... ¿No eran esos los elementos planetarios de su cometa futuro, las fuerzas motrices que debían propulsarle, convertirle en una estrella fugaz? Pensó en Vanessa, en Alba. Una súbita erección le hizo sonreír.

Al llegar al aeropuerto, su mirada de ídolo barrió el espacio de la nave. Nagen volaba desde Varsovia, donde Michael ofrecería uno de sus conciertos. En la sala de espera no había nadie susceptible de responder a su identidad. ¿Habría perdido el avión? Un chárter seguía a un jeep piloto, pero su bandera no era polaca. Aunque, discurrió Amaral, ¿cómo era la bandera polaca? El manager experimentó una ola de angustia. ¿Iba a hundir el proyecto la bronca callejera con su hermano Amador?

Un agente de aduanas le impidió avanzar. Amaral subió de dos en dos los peldaños de la cafetería. En una esquina, embutida en unas mallas que resaltaban la longitud de sus piernas, Vanessa Bocángel charlaba con un mulato.

—Te presento a Ivo —reaccionó Vanessa al verle.

Nagen poseía los ojos verdes más intensos que Amaral recordaba haber visto en un hombre.

—Siento el retraso.

—Estoy en buenas manos —enfatizó el mulato, sonriendo a Vanessa con dos filas de dientes blanquísimos.

—Gracias, Ivo —murmuró Boca de Ángel; una insinuante sonrisa agradeció el cumplido.

—¿No deberíamos ir al hotel? —sugirió Amaral.

—Despacio —aconsejó Nagen con el tono de quien está habituado a mandar, a ser obedecido—. Bebe una cerveza con nosotros.

—¿Tuviste un vuelo agradable?

—Veréis, Varsovia es como una fábrica sin obreros especializados, aunque realmente allí todos son obreros... No hay un hermano... Ese avión... Ni siquiera tenían quitamanchas —señaló un diminuto cerco en la solapa de su traje Hugo Boss; Amaral se apresuró a entregarle una toallita—. Todavía falta lo peor. ¿Podéis creerlo? Voy a tener que regresar a Varsovia. Esa gente no tiene la menor idea de cómo se monta un concierto de rock.

—Aquí se desatará la histeria, Ivo.

—A Michael —dijo el mulato, con cautela— le ha hecho ilusión lo de los dinosaurios. Supongo que eso de los hombres primitivos que comentabas en tu carta a Poborska será verdad.

—Desde luego —tosió Amaral.

—Hemos consultado a unos cuantos expertos —insistió Nagen; su mirada se iba tornando opaca—. Norteamericanos, por supuesto. Ninguno ha oído hablar de ese valle de los...

—Quebrantahuesos —apuntó Vanessa.

—Quisiera chequear tus afirmaciones sobre el propio terreno.

Amaral sorbió espuma de su cerveza antes de fijar la mirada en los infernales ojos del mulato.

—Está todo previsto, Ivo. Hasta el último detalle. Será una apoteosis. Vamos a conquistar la gloria.

—Personalmente prefiero los dólares, pero puede que a Michael le haga gracia eso de la gloria. Es muy sensible.

—No imaginas la expectación. La gente no puede creerlo.

—Lo supongo.

—¿Otra Budweiser? —sugirió Vanessa.

—Por mí —aceptó Nagen, relajándose. Sus maletas y las fundas de los portatrajes descansaban en un carro con ruedas; el volumen de equipaje sugería que llevaba semanas viajando—. ¿Nervioso?

—Un poco —admitió Amaral.

—¿Y esa herida?

—Un pequeño accidente al venir.

—Yo llevo quince años con Michael y jamás me ha sucedido nada. Ni siquiera un pequeño accidente.

—He oído que eres un gran profesional, Ivo.

—¿La suite tiene sala de baile?

—Si no es así, la instalaremos.

—Y los globos. Rojos y negros. Por todas partes. Camerinos, baños...

Amaral asintió.

—Actualmente trabajamos en el simulacro de explosión nuclear y en el rescate aéreo. La cruz avanza rápidamente. Tiene veinte metros y está forrada de aluminio. Parece de plata.

—Quiero entrevistarme con el piloto y los artificieros.

—La seguridad es primordial, Ivo. Estamos dispuestos a invertir en ese capítulo.

El mulato asintió, complacido. Preguntó:

—¿Y George?

—Viaja por carretera. Hemos quedado en el hotel. Cenaremos juntos.

—En ese maldito avión polaco me dieron gachas, o berzas. Basura. Necesito un buen restaurante.

—Iremos al mejor —prometió Amaral.

A las doce de la noche, en la terraza del Carnivor, estaban tan borrachos que reían por cualquier motivo. Sólo George Díaz, anclado en su humanidad, mantenía cierto decoro. Amaral había elegido el local por sus vistas al desierto. Anochecía tarde. Con el primer jerez, Nagen pudo apreciar las fantasmales sombras de las dunas. Luego devoró una chuleta casi cruda. Vanessa parecía deslumbrada por su presencia y la del no menos legendario George Díaz, así como por las alusiones a Oskar Poborska y a Michael Jackson, dos de esos mitos del show business a los que se había resignado a no frecuentar salvo en sus mejores sueños.

Al abandonar el aeropuerto, Nagen había insistido en compartir con Vanessa el asiento de atrás, de manera que Amaral, durante el trayecto hasta el hotel, tuvo que conducir espiándoles por el espejo. Los rectos hombros de Nagen invadían el campo visual que debería corresponder a la novia del promotor. Celoso, Amaral se enfrascó en un monólogo sobre los dinosaurios, los quebrantahuesos y las previsiones meteorológicas para el 31 de diciembre. La borrasca, dijo, se habría disuelto una semana antes, dando paso a temperaturas suaves, al anticiclón.

En el ascensor del hotel el mulato empujó sutilmente a Vanessa, oprimiéndose contra sus caderas lo justo para emitir su mensaje sexual. Precedidos por el director recorrieron las plantas que en diciembre albergarían al staff de World Concert, quince guardaespaldas, seis periodistas y camarógrafos, la cocinera malaya, abogados, primos y sobrinos de Michael, el propio Jacko y, por supuesto, Ivo Nagen, que ocuparía la suite contigua a las dos suites presidenciales comunicadas entre sí. En una sucesión de frenéticas escenas, un recorrido que parecía inspirarse en un loco making off —¿o era que la realidad comenzaba a distorsionarse en la mente de Amaral, como uno de sus caleidoscopios?—, Nagen registró armarios, desmontó techos, abrió grifos, probó camas, aires acondicionados, cajas de seguridad. Desplegando una agresiva energía distribuyó suites, junior suites, habitaciones dobles y sencillas para los técnicos en cuantas plantas estimó oportunas, hasta que el director, extenuado, inventarió:

—Llevamos reservadas doscientas cuarenta habitaciones.

Al concluir su inspección por aquella agobiante atmósfera de moquetas y litografías inglesas, Nagen volvió a relajarse. Bajaron al snack y tomaron unas cervezas charlando acerca de Michael. Nagen insistió en la pista de baile; en la cocinera, que debería supervisar los alimentos, y de modo obsesivo en la seguridad. Exigió diez hombres más para cubrir el hall y los accesos a la primera planta. Dos, fijos, en la puerta de Jackson. Otros veinte, armados, para cubrir el escenario. Mentalmente, Amaral iba sumando gastos.

Después, ya un poco bebidos, se habían dirigido al Carnivor con George Díaz encajonado en el asiento del copiloto y Nagen y Vanessa perdidos de nuevo por la penumbra del asiento trasero.

La tarjeta de Ivo Nagen incluía una dirección de Hollywood. La había dejado sobre el mantel, junto a la servilleta de Vanessa. Mientras esperaban las carnes se entretuvo refiriendo chismes de los astros del espectáculo. Se había encargado de la seguridad de otras estrellas. Dio a entender que se había acostado con algunas celebridades. Al oír sus nombres la expresión de Vanessa se dilató.

—Así es —afirmó Nagen a una incrédula pregunta suya—. En su casa de Malibú. Mientras lo hacíamos podía ver el sombrero de Jack Nicholson podando rosales en el jardín vecino.

La primera botella de orujo desapareció en un cuarto de hora. Desde que Amaral le trataba, George Díaz había acreditado una inverosímil resistencia al alcohol. Nagen no le iba a la zaga. Consumía los helados vasitos de licor a escasos intervalos, y de un solo golpe. Amaral intuía que no podría mantener su ritmo, pero tampoco deseaba retirarse sin lucha. Vanessa había optado por liar un grueso porro. Díaz y Nagen rechazaron la invitación. Amaral, en cambio, se puso a fumar como un árabe. «Necesito una raya», pensó, desesperado. Pero, temiendo la reacción de Nagen, se abstuvo de cortarla allí mismo. Lo hizo en los lavabos.

A la mañana siguiente tuvo la impresión de que todas las campanas de la ciudad repicaban dentro de su cerebro. ¿Un atentado, tal vez un magnicidio? El aparato que estaba sonando muy cerca de sus doloridos lóbulos parecía una alarma digital. No reconoció los muebles. Un momento... ¿no estaba en una de las habitaciones que habían revisado en el Hotel Nacional?

Su traje de Armani se arrugaba sobre la moqueta. Con la americana parecía que acababan de lavar un coche. Había llaves y monedas tiradas por el suelo y restos de vómito en el cuarto de baño.

Eran las seis treinta de la mañana. A pesar de la catástrofe, tenía margen de acción. Tomó una ducha y, por teléfono, despertó a George en su habitación.

—Cuenta diez y repite tu nombre, Amaral. Repite conmigo: «Jamás volveré a beber, George.» ¿Cómo estás?

—Como si me hubieran batido con el trasero de Tina Turner.

—Tengo tu cartera, mi hermano. Te empeñaste en invitar a todo el mundo en aquel restaurante.

—Voy a pedirte un favor, George. Es prematuro que Nagen visite el valle de los dinos. La producción va muy lenta. Temo que se lleve una mala impresión.

—Siempre lo dije, Amaral: eres un hombre con ángel. Precisamente ayer, cuando regresamos al hotel... ¿Recuerdas los detalles?

—Ni siquiera recuerdo mi nombre, George.

—Quizá sea lo mejor. Nunca te había visto tan borracho. El caso es que en recepción, mientras te sosteníamos en pie y te inscribíamos por una noche, Ivo se puso a leer sus mensajes. Un fax de Poborska lo citaba con urgencia en los estudios de Colonia para las últimas mezclas del vídeo que lanzará la campaña. Michael se desplazará a Alemania mañana. Nagen se ha ido ya.

—No puedo creerlo.

—Tomó un taxi al aeropuerto. Creo que salía a las siete. Debe de estar a punto de despegar.

—¿Ha firmado? —se asfixió Amaral. Una taquicardia golpeaba su pecho. La cabeza le daba vueltas.

—Además de la cuenta del Carnivor, que tú no lograste firmar porque ni siquiera veías al camarero, un precontrato para tu concierto del fin del mundo. Grita «¡Bravo, George!».

—¿Dónde está Vanessa? —preguntó Amaral.

—Se fue con él a Colonia —dijo lentamente Díaz—. Quedó en llamarte desde allí.

«Necesito una raya», pensó Amaral, desesperado.

—No creo en nada, George.

—Tendrás que hacerlo. Nos hemos embarcado en una aventura de tres millones punto cinco.

Desquiciado, el manager conectó el hilo musical. Alguien recreaba un viejo tema de Elvis. De pronto, irrumpió la inconfundible voz de Michael Jackson. Amaral subió el volumen y separó la doble cortina. Estaba a gran altura. Amanecía. Las lomas del desierto emitían un esfumado destello. Amaral imaginó el minuto cero, la tormenta de gas, los dioses de poliuretano rodando por las laderas de la montaña. Desterró el súbito impulso de suicidarse arrojándose al vacío y se obligó a creer en ello. «Puedo hacerlo», dijo en voz alta, caminando a grandes pasos por la habitación, bailando al ritmo de Michael.

21

Tostao había hecho un buen trabajo. Singra se comprometió a entregarle un cheque al terminar la campaña. De su informe, el asesor anotó un hábito: cada martes Embún conducía por la autopista hasta las canteras de alabastro, y desde allí hasta una residencia de toxicómanos situada en la linde de una pedanía. Todos los martes.

Singra decidió visitar la clínica. Las paredes del edificio estaban pintadas de un verde manzana que pretendía contrastar las colinas de pinos. Como el agua de la piscina, los estores eran azules. Una pista de tenis y otra polideportiva de hierba artificial camuflaban las misiones penitenciarias de la tapia. El resto de la institución se atenía a ese pulcro aire sanitario de los modernos psiquiátricos. La antena parabólica y un invernadero de plantas tropicales insinuaban lujos.

Lo recibió el subdirector, un personaje de ecos freudianos que se explayó en las bondades del método. La estadística, enfatizó, garantizaba la reinserción en un cuarenta por ciento de los casos. El suyo, comentó Singra, era grave, tanto como el de su amigo Embún, quien le recomendaba.

—Jesús es un luchador —dijo Singra, dando a entender que entre ambos fluía la amistad.

—Lo sabemos —afirmó el médico.

«Se trata de mi hijo, doctor», había dicho Singra acto seguido. Improvisó una tragedia. El subdirector tomaba notas con desleída letra de psiquiatra. Síntomas, desencuentros, claves de incomunicación familiar. Admitiendo en su interior que realmente, en ese momento, no le importaría tener un hijo (de Rebeca Montenegro, supongo), David describió el paisaje de un yonqui inexplicable.

El médico le invitó a recorrer las instalaciones. En los soleados pasillos, en el huerto, en las salas de terapia colectiva sorprendió la presencia de seres vegetativos, escuálidos, cuya mirada parecía vencida por un cósmico fulgor. Purgaban allí, en camiseta y vaqueros, su pacto con la dimensión química del paraíso. La languidez de sus gestos inspiraba lástima; acaso su raza marginal descendiera de un dios desconocido. «Mi chico estará bien aquí», murmuró Singra observando a distancia una terapia de grupo.

—El monitor era uno de ellos —dijo el subdirector—. Ahora es un hombre nuevo. Se ha casado y trabaja en la General Motors.

—Mi hijo seguirá trabajando en mi empresa.

—Se trataba de un adicto procedente de la cuota social —justificó el psiquiatra—. El Gobierno autónomo nos destina un número de admisiones. La democracia es así, señor Singra.

—Con frecuencia escucho esa frase a mi amigo Embún. ¿Tiene solución su caso?

—¿Se refiere a su hija? No es fácil —admitió el especialista estirando un mechón de pelos de su mal recortada perilla—. Rebelde... ¿Conoce a Iris? —señaló a un grupo en el huerto—. La de melena corta.

«Demasiado perfecto», pensó Singra. La chica era delgada, atractiva, con ese aire vulnerable común a las jóvenes generaciones.

—Agradezco su ayuda, doctor.

—Vuelva con su hijo, señor Singra.

—David, por favor.

El psiquiatra se ruborizó levemente.

—¿No escribía usted en *El Comercial*?

—Hace años.

—Me encantaban sus columnas. Recorté unas cuantas.

Agregó, con fingido reproche:

—Después se dejó tentar por la política...

—Sólo quería ver qué había al otro lado.

—Pero llegó a ser la mano derecha de Feyto.

—Un presidente no puede tener amigos —sentenció Singra con aquel barniz de perdedor que había perfeccionado desde que vivía en Barranco de Lobos, desde que Rebeca no estaba.

—¿Y a qué se dedica hoy, si no es indiscreción?

—Trato de perdonarme —filosofó David con el mismo tono de clérigo que a veces modulaba para relatarme sus amores mercenarios en las noches sin ley, cuando era un reportero a mis órdenes—. Y trato también de comprender a mi hijo.

Tostao había sido minucioso en sus custodias. De su espionaje, Singra dedujo que Jesús Embún navegaba entre la rutina de los negocios y esa confusa felicidad que suele proporcionar la opulencia. Su abogado se llamaba Julio Floría. Era distinguido, serio, de la misma edad o algo mayor que Embún. Poseía fincas cerca de Santa Marta, a unos noventa kilómetros de la ciudad. Hasta allá, para encontrarse con él, se desplazaba Natalia. Tostao los había visto cabalgar entre las sabinas, pasear mientras las monturas ramoneaban por los mallacanes del monte. Floría era de los pocos que visitaba la avenida del Perú. «Ese hombre, Embún, no tiene amigos —había concluido Tostao con un deje de misericordia, como si David y él andasen sobrados de calor humano—. Y para uno que tiene le pone los cuernos con su mujer.»

Además de los revolcones con su secretaria en el Holiday Inn y de sus puntuales visitas a la clínica de yonquis de primera categoría, la agenda de Embún deparaba otra fidelidad: citas en una casa de masajes del área residencial. El empresario solía acudir los viernes. Aparcaba en la calzada de balasto, bajo los tilos que sombreaban las aceras. A veces se camuflaba con un sombrero de ala corta que, según Tostao, le confería aspecto de feriante. El boxeador probó personalmente el burdel. Después le pasaría la factura a Singra. Entre las putas, Embún llevaba fama de cerdo.

Cuatro semanas de discreta vigilancia garantizaron la regularidad de aquellas y otras costumbres menores. Singra empezó a considerar a su cliente bajo la óptica de un hombre metódico.

—Tu opinión —preguntó a Tostao, una vez su asistente hubo vaciado toda la información.

—¿Qué otra cosa puede ser alguien que se pasa el día jodiendo con mujeres, jodiendo a todo el mundo, ganando dinero y pelando mandarinas? Un tarado. Ese Embún es un tarado. O un criminal.

22

El Ferrari se disolvió en el tráfico del gran cinturón que envolvía la ciudad con una argolla de asfalto. Hora punta. Amaral tuvo que arriesgar una maniobra suicida para desviarse hacia la base aérea. Su ritmo cardíaco volvió a desbocarse. Respiró hondo, sacó un brazo por la ventanilla, procuró relajarse.

El sol derramaba su fuego sobre los fuselajes abandonados de viejos aviones de guerra. Uno de los hangares seguía utilizándose como taller. El manager se precipitó al interior de la nave. Entre trozos de chatarra, alguien pintaba a pistola la cabina de un helicóptero. Aquel hombre llevaba mascarilla y un gorro que se quitó para saludar. Su aliento olía a una mezcla de queroseno, pintura y coñac.

—Acordamos que el efecto sería dorado —empezó a protestar Amaral—. Do-ra-do.

—Pienso que este naranja fosforescente resaltará más en la noche. Hágame caso.

Amaral dudaba.

—Se trata de mi pájaro —insistió el mecánico—. Deje que lo arruine a mi gusto. Por cierto, señor. Me he visto obligado a asumir ciertos gastos.

—Envíeme las facturas.

—Correcto. Si le parece, incluiré un adelanto sobre mis honorarios.

—Le extenderé un cheque. —El manager parecía ausente—. Lo siento, he olvidado su nombre.

—Samuel Flores.

—¿Ha practicado el reconocimiento del valle?

—Correcto. Ningún problema. Cuando lo estime puede facilitarme coordenadas de ruta.

—La operación será compleja. El objetivo estará esperando en lo alto de una cruz elevada sobre el escenario. Su helicóptero deberá descender con lentitud. Habrá aparato eléctrico, fuertes detonaciones, olor a pólvora.

«Correcto», asintió el piloto, Amaral decidió que esa maniática reiteración comenzaba a ponerle nervioso.

—Habrá cámaras. Es vital que no se distinga a la tripulación, ¿correc... comprende?

—Correcto, señor. No se apure. El hombre de la cruz ascenderá como por arte de magia. Como si levitase.

—Pretendemos conseguir algo así como el efecto de una resurrección —matizó Amaral—. Una vez ejecutado el rescate pondrá rumbo al aeropuerto civil, donde el jet de Jacko estará a punto para...

—¿Michael Jackson? —exclamó el piloto golpeándose el muslo con una palmada—. Había oído

* *Booboisie*: término despectivo formado por la combinación de *boob* [idiota] y *oisie* [terminación de *bourgeoisie*]. *(N. de la T.)*

algo, pero... ¡Por mis muertos! ¡A esto lo llamo yo un golpe de suerte! ¿Es idea suya?

Amaral sonrió, experimentando un intenso deleite. ¿Por qué no empezar a disfrutar ya de su éxito?

—¡Michael Jackson, no puedo creerlo! ¿Está confirmado? —Amaral volvió a sonreír. A instancia del piloto aceptó golpear las palmas contra las suyas—. Joder qué honor... Deje que me reponga. Pensar que el gran Jacko va a subir en mi pájaro...

—¿Imagina lo que valdrá luego este trasto?

—¿Qué quiere decir? Ni por un momento piense que voy a rebajarle una peseta.

—Cualquier lunático ofrecerá una fortuna por su amado pájaro. Créame, Flores. Tengo experiencia. ¿Sabe cuánto han llegado a ofrecerme por unas gafas de Elton John?

—Tendré un detalle con usted. Asumiré el seguro, ¿correcto?

Amaral no asimiló la oferta. Su mirada se había extraviado en el punto de fuga del hangar. Una galáctica figura se contoneaba hacia ellos.

—Vanessa —murmuró el promotor—. ¿Cuándo...?

—En el primer vuelo de la mañana. Tenemos que hablar, Víctor Manuel.

—No soporto que me llames así. Lo sabes.

—He conocido a Michael.

—Alucinante —opinó el piloto—. ¿Es de color sepia?

—¿Quién es usted?

—Samuel Flores.

—El dueño de este artefacto —explicó el manager.

—Correcto.

—Deje de decir «correcto», ¿le importa? —saltó Amaral, emergiendo a un incontenible deseo sexual. Aquella hembra (porque Vanessa, pensó, era algo más que una mujer) le enloquecía. Llevaba una falda tan ceñida que la forma protuberante de sus nalgas se sublevaba contra el cuero, dilatando las costuras sensualmente.

Salieron de la nave. Las pistas extendieron frente a ellos sus cuarteadas losas. Una amapola nacía entre el cemento. Vanessa la cortó y, sosteniéndola en la boca, intentó besarle. Amaral se lo impidió.

—¿Qué tal Nagen?

—Ivo es un tipo increíble.

—¿En la cama?

—También —admitió ella después de un paréntesis saturado de electricidad.

—Creí que lo nuestro significaba algo para ti. No has mejorado mucho desde tus tiempos de scaffer.

—Por favor, Vic... Hablaremos de eso en otro momento. Ahora se me ocurren otros temas de conversación.

—¿Lo increíble que es Ivo en la cama?

—Si te vieras. Pareces un adolescente celoso.

—Tengo derecho a albergar sentimientos.

Boca de Ángel emitió una risa burlona. A diez mil metros un caza rompió la barrera del sonido.

—También he conocido a Poborska.

Amaral la miró con resentimiento, casi con temor.

—Pronto estarás en disposición de dirigir la compañía. Dentro de poco sólo seré el payaso que se acostaba contigo.

—Escuché una conversación entre Ivo y Poborska —prosiguió ella, ignorando el comentario—. Hablaban de ti, de lo bocazas que eres.

La barrera de sonido volvió a romperse con un trueno.

—Te estás pasando mucho, princesa.

—Se estaban repartiendo el sponsor.

—¿Y?

—En ningún momento se refirieron a Michael, ni por supuesto a ti.

—Te recuerdo que yo dirijo la producción.

—Disculpa. Sólo pretendía ser útil. He venido en taxi. ¿Me acercas a la ciudad?

—Vamos al Casino —propuso Amaral—. Un jacuzzi te dejará como nueva. Te limpiará —añadió, vengativo.

—A la ciudad —insistió ella deduciendo que el promotor empezaba a olvidar su pequeña aventura en Colonia.

—Un par de metros más allá —indicó David ajustando su visera de director porque el sol le daba en plena cara.

Frente a la cámara, en el atardecer del huerto ecológico, se rodaba. Ante la presencia de técnicos y focos, los monitores de la clínica habían decidido recluir a sus pupilos. Desde los balcones, muchos adictos observaban el rodaje con aquella lánguida expresión que tampoco había desaparecido de la mirada de Iris Embún.

Sentada en un banco del huerto, la muchacha se dejaba aconsejar por su padre. Una corta melena oscurecía sus mejillas. Siguiendo las instrucciones de Singra, Embún lucía un traje azul marino y corbata con un toque de color. Se había teñido el pelo y operado la nariz. El maquillaje suavizaba las impurezas de su piel.

—¿Tiene un segundo, senador?

Desde que *El Comercial* había publicado la entrevista firmada por Ruana, Singra le llamaba así. A él le gustaba. Le gustaba demasiado, pensaba el asesor.

—Esto es fantástico, ¿no te parece, hija? —Iris se limitó a mirarle con ojos sumergidos en un pantano de fiebre—. A lo mejor hacemos una película después, ¿eh, D.J.?

—Estará usted demasiado ocupado, senador.

—Eso espero.

En realidad, quiso tranquilizar Singra a la muchacha, era muy sencillo. Iris se aproximaría a su padre. Mirando a la cámara, él apoyaría una mano en su hombro para dramatizar su discurso contra el narcotráfico. Basada en un costoso aparato de publicidad y en trucos y estrategias de imagen, la campaña iba a resultar tan demagógica, y acaso tan eficaz, como ese primer mensaje.

Ensayaron. Las clases de voz habían logrado atemperar el bronco acento del candidato. Lentillas verdes dulcificaban su rostro. Singra le había indicado que se quitara sortijas y sellos.

Al margen de la opinión de la chica, que el asesor no había consultado, lo más difícil había sido obtener el permiso del centro. Su junta directiva debatió la solicitud bajo la presión de opiniones contrarias, como la de aquel subdirector clínico burlado por los ardides de Singra. Los médicos acabarían por inclinarse ante la insistencia de Embún. Su director de campaña consideraba prioritario emitir aquel spot electoral. En consecuencia, Embún hizo entrega a la clínica de un generoso cheque.

—Vamos allá —ordenó Singra desplegando una silla de tijera junto a las cámaras—. Cuando quieras, Iris.

La muchacha se adentró en el huerto, sostuvo la azada con desmayado esfuerzo y, como una autómata, golpeó sin pericia la tierra de plantero. Caminó hacia su padre. Embún la miraba con la poca ternura de que era capaz (Singra suprimiría este plano debido al perfil del candidato, que seguía resultando simiesco pese a la operación de nariz). Un momento... ¿Un pájaro enorme atravesando el cielo? «¡Una cigüeña!», exclamó Singra. Embún tomó aliento y...

—Corten.

Seis tomas después, concentrado en la unidad móvil, Singra estimó que habían rodado suficiente material. La espontánea cigüeña aportaba un toque que no le disgustó. «Podría convertirse en el logo de este imbécil», pensó.

—Misión cumplida —dijo saltando de la caravana—. Podemos recoger el equipo.

Estaba a punto de anochecer. Habían trabajado cinco horas sin descanso.

Iris lloraba en silencio. La muchacha distinguió a Singra, que ayudaba a plegar los trípodes. Fue hacia él tropezando en los surcos del plantío. Los gritos debieron de oírse en el ámbito de la residencia. Impávido, el asesor soportó los insultos.

—Te lo suplico, Iris —rogó Embún.

—Llévesela —dijo Singra.

Padre e hija se alejaron. Ella sollozaba. Embún la abrazó en la soledad del huerto.

—Rueda eso —ordenó Singra a un cámara que no había desmontado—. El candidato y su pobre niña. Será lo mejor de todo.

23

«Necesito una raya», pensó Amaral, desesperado.

Faltaban dos meses para el concierto del fin del mundo.

Con Alba Romero a su lado había cubierto la distancia a Madrid en hora treinta, su nuevo récord. Se hallaban en una de las impersonales salas de espera de Canal 22. Su entrevista en directo, prevista para las dieciocho quince, se demoraba sin que nadie se dignase informarles.

—¿Nervioso? —preguntó una de las azafatas de *¿Quién es quién?*, el programa de Azucena Montero, la presentadora de moda—. ¿Una coca?

—¿Coca-cola, quiere decir? —preguntó Alba, con indolencia.

—La mía con vodka —dijo Amaral.

Mientras esperaban las bebidas, Amaral esnifó en el cuarto de baño. Coqueteando con bailarinas y modelos se perdió por los pasillos del edificio de la cadena. No lograba serenarse. Volvió al lavabo y esnifó encima de la cisterna. Notó una subida espídica. Como si el cerebro, desprendido en un globo de colores, tratase de huir de sus propios límites.

La sala se había colmado de famosos de papel cuché. «Paletadas de vulgaridad para la telebasura dominical», pensó el manager. «¿Y qué somos nosotros?», reflexionó acto continuo, sospechando que el subidón lo iba a levitar estando en vivo.

Llamaron a plató. Amaral se tomó el pulso: su taquicardia rozaba el infarto.

—Unos minutos, por favor —indicó la azafata que les precedía hasta el estudio—. El auxiliar de producción les avisará.

—¿A qué hora sales de la tele, reina? —le preguntó Alba, robándole un beso en la nuca.

La chica la miró con asombro y de inmediato con ofendida dignidad. Amaral sacó una tarjeta de crédito y cortó una raya en la cola de un león de fibra. Ajeno a la silenciosa censura del ballet que esperaba al otro lado, tras unas cortinas de gasa, esnifó como una locomotora.

—A plató —murmuró una sombra.

Amaral se encontró sentado en un sofá fucsia junto a una presentadora de labios fucsias y edad misteriosa que olía a laca y a sudor. Azucena Montero. Varios millones de audiencia. Enfrente, como un tribunal de severos jueces, los críticos invitados para analizar el fenómeno Alba Romero; detrás, una deslumbrante batería de focos; más allá, en el aura de un limbo virtual, las arcangélicas melenas del regidor y los ayudantes de cámara, en su mayoría italianos; al fondo, como una cibernética babel, la grada espantosa, también fucsia, del público.

—¿Adivinan quién es quién? —arrancó la presentadora mientras Amaral, a tenor de la acreditada frivolidad del programa, y ante la eventualidad de acabar en ropa interior por exigencias del guión, intentaba recordar su modelo de boxers; ¿se habría puesto esa mañana cualquiera de sus escandalosos calzoncillos? Un viscoso sudor satinaba su piel. Los críticos —¡cómo los odiaba!— se habían centrado en Alba, que respondía con sólido aplomo, afrenta por afrenta, golpe por golpe.

—Vosotras, las lesbianas —estaba diciendo el redactor de espectáculos de *Rock Review*, a quien Amaral aborrecía de forma particular— sois el andrógino del siglo XXI. No es mi deseo insultarte, querida. Esto no es un talk show. Me estoy refiriendo al mestizaje. A la deificación de la ambigüedad como máxima expresión del arte. He ahí las futuras tendencias, la mercadotecnia...

—Michael Jackson —pronunció Amaral entre dientes.

—¿Perdón? Ah, bueno... Sí, de algún modo, en Disney-world...

—Un escenario en el desierto —lo fulminó Amaral, con la voz ronca—. El templo pagano del fin del milenio. Alguien desea sacrificarse por nosotros. Purificarnos con su música. Elevarnos sobre la dictadura de las clases medias.

—Sugerente —concedió Azucena Montero. Sin saber cómo reaccionar pasó páginas del guión. Añadió, para ganar tiempo—: ¿Está formulando una profecía, señor Amaral?

El promotor le apuntó con el dedo.

—Durante el último minuto del último milenio. El 31 de diciembre, a las doce en punto de la noche, morirá el pop.

—Cómo te sobras, tío —protestó el crítico de *Rock Review*. En otra época había trabajado como técnico de grabación para Estación Búfalo—. ¿De qué tienes complejo? ¿De raza, de casta?

Pálido, Amaral aspiró el aire gastado del plató. Su mente abarcaba una suerte de lucidez panorámica.

—Gente como tú ha jodido a este país. Falsos profetas. Te he visto arrastrarte para conseguir una paga extraordinaria en mi empresa. Sé que, cuando conozcáis mi proyecto, el concierto del siglo, querréis eliminarme. La gente os tirará atrás. Vamos en busca de la gloria, no de las revelaciones de vuestra basura mediática.

—Moderación —advirtió la presentadora.

—Os desafío a intentarlo —se lanzó Amaral, congestionándose; la coca golpeaba como un péndulo las paredes de su cerebro—. Os desafío a retransmitir desde el desierto. Llamas lesbiana a esta mujer —gritó, señalando a Alba—, sin respetar su dignidad ni el hecho de que el público la quiera. Con su música, ella es alguien. Con mis sueños, soy alguien. Pero tú, sin tu sucio fanzine... Escoria, eso es lo que eres. Escoria.

Prosiguió una escena confusa. El crítico de *Rock Review* atravesó el estudio. Uno de los auxiliares de cámara cayó al suelo. La presentadora chillaba pidiendo educación; su micrófono de solapa se desprendió y la oían como en sordina, bajo las voces tremendas de Amaral. Alba le dio una bofetada al crítico. Azucena Montero se derrumbó en el sofá fucsia. Amaral, que mantenía agarrado a uno de los tertulianos, alcanzó a ver el monitor.

Sylvester Stallone rebanaba el cuello a un «charlie». Hacía rato que el realizador había pasado a publicidad.

Cuando el promotor de Estación Búfalo, precedido no ya por una encantadora azafata de Canal 22, sino por dos guardas jurados, regresó a maquillaje, presentaba un deplorable aspecto. Rasgada, su camisa de seda dejaba asomar su piel de bronce; un puñetazo recibido en plena boca apenas le dejaba respirar. Incluso la toallita limpiadora le irritó.

Deprimido, Amaral se tapó la cara con una toalla. Al retirarla, descubrió que el espejo reflejaba un rostro amigo.

—¡Singra! ¿Qué haces aquí?

—Si es que se sigue emitiendo —bromeó el asesor balanceando su sonrisa tras la butaca ocupada por alguien a quien maquillaban siguiendo sus indicaciones—, no nos importaría participar en lo que quede del programa de Azucena Montero. Hemos visto el espectáculo. Impresionante, Amaral. Has ascendido al altar de la televisión. Enhorabuena. Nadie podrá olvidarlo. Ni superarlo.

—No te burles de mí.

—Creo que no conoces a nuestro candidato al Senado. Tengo el placer, señor Embún, de presentarle al hombre que ha contratado en exclusiva a Michael Jackson.

El busto del empresario oscureció el espejo. Por encima del respaldo de la butaca, Amaral estrechó su mano. «¿A qué huele?», estuvo a punto de preguntar.

—¿Jugamos al tenis? —propuso Amaral.

—¿Ya no me respetas? —bromeó Singra.

—¿El martes a las dos y comemos juntos?

—¿Quiere cenar esta noche con nosotros? —le invitó Embún, pero Amaral, aduciendo que sangraba por la nariz y que su estado de ánimo no era el idóneo, declinó el ofrecimiento.

Una vez finalizada su intervención en televisión, el empresario conducía hacia el centro de Madrid. Tenían reserva en el Ritz.

Natalia iba delante, junto a su marido. Su perfume no eliminaba el olor a mandarinas que parecía haber contaminado la tapicería del coche.

—¿Cómo vio el programa, D.J.?

—Enmendaremos ciertos matices, pero diría que estuvo usted brillante, senador. Fantástica esa manera de mirar a la cámara.

Un coche los adelantó por la derecha. El candidato oprimió el acelerador. Parecía fatigado, sin reflejos. Sacó una mandarina de la guantera y la peló con una sola mano.

—¿Para quién trabaja su amigo?

—¿Amaral? Dirige mi antigua promotora de espectáculos.

—Supongo que en esos ambientes las drogas deben de funcionar a la orden del día. De todas maneras —agregó Embún—, esa historia del fin del mundo puede tener gracia.

—Yo apostaría a que será un éxito. Quizá —sugirió Singra—, podríamos beneficiarnos de esa promoción.

—¿No descansa nunca, señor D.J.? —interrumpió Natalia.

—Pensaré algo al respecto —añadió Singra, hablando consigo mismo.

El teléfono sin manos registró una llamada. Era el abogado Floría. Embún no quiso hablar delante de Singra y se lo quitó de en medio.

Cenaron en el comedor del Ritz. Embún apenas probó bocado. Parecía distraído, ausente. Recibió otra llamada en el móvil; esta vez se levantó para atenderla. Volvió a sentarse y preguntó de nuevo por Amaral. El personaje le había impactado. David refirió anécdotas de su época en Búfalo. Natalia reía con un eco insincero. El asesor trató de imaginarla con Floría. No acababa de creer que ella se prestara a ese juego. Que le gustara ese juego. Quizá, pensó, no quería creerlo.

Embún pidió mandarinas de postre. Comentó que debía acostarse porque tomaba temprano un avión a París.

—Buenas noches —dijo levantándose con brusquedad—. Confío en esa entrevista, D.J.

Singra se había comprometido a obtener un encuentro con el presidente del Gobierno. Embún llevaba aportados varios millones al partido, pero no le conocía personalmente. Entregaba el dinero en maletines a los candidatos locales. También subvencionaba de modo proporcional al resto de partidos susceptibles de velar por sus intereses. Él lo llamaba «impuesto democrático».

—Buenas noches, señor D.J. —se despidió Natalia, pellizcando el lóbulo desnudo de su oreja; el otro pendiente de herradura brillaba, solitario—. Espero que duerma con la conciencia tranquila.

—No se preocupe por mí, señora Embún. Duermo como un ángel.

—Aquí no hay ángeles —dijo Embún con una risa grosera.

Una vez desmaquillados, un guarda los escoltó hasta el control de salida, pero en lugar de dirigirse hacia el parking abrieron por error la puerta de un almacén de atrezzo. Obeliscos y cuádrigas se arrumbaban entre el polvo.

—Descansemos un poco —dijo Amaral.

Se recostaron contra las escalinatas de una pirámide de Aida. El promotor sudaba. Además del hematoma en su nariz, un rasguño de sangre brillaba en su cuello.

—Una de esas nenas ha debido de arañarme.

—Eres mi héroe —ironizó Alba.

Apoyó la mejilla en su hombro y con la cadencia de sus besos fue ascendiendo hasta encontrar su boca.

—Creí que...

—¿Era..?

—Me habían dicho...

—¿Significa que no puedes atraerme?

—Supongo que no —admitió Amaral, halagado; adoptó un pedante tono divulgador—. De hecho, afirman los psiquiatras, todos somos bisexuales. Llevamos el «homo» dentro.

—Me muero de ganas por ti.

Amaral la besó en los umbrales de un templo dórico, bajo el ciego testimonio de una esfinge de corcho. Lamió su paladar y apretó sus pechos duros como músculos. La estaba desnudando cuando escucharon pasos. Abandonaron el almacén y tras recorrer espacios abiertos, ajardinados, por los que una humanidad virtual peregrinaba hacia la roca magnética de la imagen, encontraron el aparcamiento.

Ya en la autopista, Amaral oprimió a fondo el acelerador. Las canciones de Alba sonaban mientras el paisaje mesetario endurecía su luz.

—¿Cuánto falta para la puesta de sol?

—Tu romanticismo empieza a preocuparme, Amaral.

—Me gustaría ver anochecer en el valle.

«Tendrás que volar», había respondido Alba. Cuando el Ferrari saltaba al carril de adelantamiento, los demás vehículos aparentaban detenerse en un ámbito espacial desprovisto de tracción. Pronto llegaron a las estribaciones del desierto; los parabrisas barrían nubes de insectos. Al manager la expresión de Alba le recordaba a su padre, el músico Omar. En las tabernas de Madrid, mientras se hundía en el espíritu del alcohol, Omar le había hablado de sentimientos, de su soledad.

«La gloria exige sacrificios», pensó Amaral atravesando a casi 300 km/h un acueducto que parecía colgar del vacío. El fantasma de la muerte le rondaba en forma del dragón con siete cabezas que irrumpiría en el escenario provocando el pánico entre la multitud, especialmente entre los niños.

Sonó el teléfono sin manos. George Díaz, desde Cayo Vizcaíno. El concierto del fin del mundo iba razonablemente bien. Según sus noticias, Ivo Nagen había elaborado un informe apto. Al parecer, insinuó, sin ocultar el doble sentido, había quedado satisfecho por las atenciones recibidas en España... «y en Colonia», añadió George sofocando una breve risita. Aguantando el tipo, Amaral se interesó por Poborska. La voz de George se oía como a través de un filtro.

—El viejo está contento, Amaral. Te enviará uno de sus intendentes, John Lake. Es gay. Tal vez podría conocer a alguien, ya me entiendes, alguien discreto, profesional. Remitiré un fax con su número de vuelo. Después se presentará Collins, jefe de producción de World Concert. Estudiará tu desierto y el show echará a rodar.

La voz de George se afiló.

—¿Qué sucede con los plazos, mi hermano? Debería haberse recibido la primera entrega, pero Los Ángeles asegura no saber nada.

—Tranquilo, George. Mañana mismo reúno el consejo de Búfalo. Transfiero en veinticuatro horas.

—¿Tienes al sponsor?

—Está a punto de caramelo, George.

—¿Qué significa exactamente eso, Amaral?

«Que me chupes la polla, mamón», dijo de improviso Alba Romero. «¿Qué has dicho?», se rebotó Díaz. «Nada, George —intervino Amaral—, era Van. Te saluda a su modo.» «¿Estás ahí, Vanessa? —exclamó George—. No puedo creerlo. ¿Hablando sin manos?», agregó con un timbre lúbrico.

—Transfiero pasado mañana —cortó Amaral.

¿Cómo iba a pasar a la historia un individuo que razonaba en clave de dólar? Ni Poborska ni Díaz, pensó Amaral, ni por supuesto Nagen tenían idea del éxtasis que podía proporcionar la gloria. Él, en cambio, se hallaba cada vez más cerca.

—¿Aló?

Era Samuel Flores. ¿Quién le habría dado el número del coche? ¿Elhombre? «Tengo problemas con la hélice —advirtió el piloto—. Por la seguridad de Jackson convendría chequear el motor.» Sin ánimo para discutir, Amaral se rindió pronto. «Envíeme la factura», repuso mirando el contador de velocidad, que iba al límite. «Correcto», aprobó Flores.

Un ligero badén hizo que el coche volara literalmente. Adelantaron a una lenta caravana. Alba obtuvo una fugaz visión del interior de la roulotte: ropas ibicencas, una guitarra, un hombre con barba y pañuelo en la frente. El Ferrari hizo un trompo y derrapó.

—¿Aló?

Esta vez estuvieron a punto de matarse. Mientras Amaral buscaba el teléfono portátil la carretera se inclinó. Al desierto como un cielo rojo siguió un fundido en negro. El coche golpeó la valla y, expulsando humo, se atravesó en el arcén. Amaral tuvo que forzar la puerta. Los faros colgaban como párpados desgarrados. El móvil seguía sonando. «Necesito un cigarrillo», dijo Alba. «Necesito una raya», pensó Amaral, desesperado, percibiendo que su ritmo cardíaco cruzaba el umbral de las doscientas pulsaciones por minuto. Olía a gasolina. El humo salía del capó cada vez más denso. Alba se había sentado en el asfalto. Aspiraba su tabaco con las piernas cruzadas, estilo bonzo. El promotor le ordenó que apagara el cigarrillo y se encerró en el coche, en cuyo estéreo seguía sonando *Desiertos*. Aspiró un tiro de coca. El mundo volvió a ser ese territorio amable donde el éxito sonreía tras uno o dos gramos de inspiración.

—¿Aló?

El móvil estaba bajo el pedal del freno. Era Berta, su mujer. Amaral se dispuso a mentir sin piedad. No, tampoco debía esperarle esa noche. Estaba regresando a la ciudad, pero lo retendrían negocios en pequeñas capitales. Pernoctaría en ruta.

«Tengo que decirte algo», anunció su mujer. Por el énfasis, Amaral intuyó que se trataba de una emergencia. «¿Puede esperar a mañana?», tanteó, temiendo que Berta hubiese descubierto los alijos de coca que guardaba en la bodega, o cualquiera de sus infidelidades conyugales. «Tendremos que esperar nueve meses», dijo ella.

En ese momento sonó el teléfono sin manos. Amaral tapó la motorola.

—¿Aló?

—Poborska, desde Colonia.

—¡Oskar, qué sorpresa! Un momento, tesoro —susurró.

—¿Me escucha, Amaral?

—A su disposición, señor Poborska. ¿Cómo se encuentra Irina?

Destinó un par de acaramelados cumplidos a la arrogante aria que lo había humillado en Praga. «¿Cariño?», decía Berta por el móvil. «Estás embarazada. No puedo creerlo, tesoro», se apresuró a improvisar Amaral; al otro lado de la ventanilla, Alba le hacía gestos para que saliera del coche. «¿Estás segura?» Berta emprendió un relato detallado de su última falta.

—Dígame, Oskar —añadió Amaral por la otra línea.

—Le llamo a propósito de Michael —dijo el empresario judío—. Usted, como hombre inteligente, lo entenderá. Verá, esa historia de los dinosaurios y el hongo atómico, o lo que sea...

—El simulacro nuclear. Un efecto escénico.

—A Michael le parece bien. Únicamente lo de ese monstruo, el dragón. Le impone respeto. Sin embargo, hemos conseguido que apruebe la acrobacia del helicóptero, que supone bastante riesgo. Esa parte es realmente buena. ¿Se le ha ocurrido a usted o a la chica de Nagen, esa Vanessa de pelo zanahoria?

—La producción lleva mi firma —palideció Amaral.

—Vaya mentalizándose para asumir una nueva póliza de seguro. Me consulta Michael si podrá lanzar una estela desde el aire, como Peter Pan. Estamos investigando un par de trucos a base de cierto gas.

Por la otra línea, Berta finalizaba su relato prenatal. Delante de él, junto a Alba, había hecho aparición un agente de tráfico. Eran dos: el segundo acababa de desenfundar su arma reglamentaria. Alba forcejeaba con él. «No puedo hablar de la emoción —susurró el promotor a su esposa—. Me has dejado sin capacidad de reacción. Un beso. Te llamaré.»

—En este negocio lo caro son las ideas, Oskar —dijo Amaral, retomando su conversación con el magnate; accionó el seguro para impedir el paso a los policías—. En Búfalo pienso y mando yo.

—Michael nos pide un favor. Desea filmar en el desierto un vídeo de ambiente militar. Bastarán tres o cuatro mil soldados. Formaremos a la infantería en el valle, con helicópteros y carros blindados. Michael bailará entre las banderas de su patria. ¡Gran honor para su país, Amaral!

—Ignoro si el alto mando...

—Haga la gestión. ¿Dio mis recuerdos a Singra?

«Salga del vehículo», estaba ordenando uno de los agentes, dirigiéndole airadas señas. Amaral obedeció en un estado de máxima tensión. No conseguía recordar si quedaba coca en el coche.

—Carmona —dijo uno de los guardias civiles—. ¿No es éste el del Canal 22?

—¡Pues claro! ¡Le acabamos de ver en televisión!

Sonó el manos libres y, casi de inmediato, el portátil.

—Disculpen, debo atender unas llamadas urgentes.

—Apoye las manos contra el coche y separe las piernas.

—Deténganme —propuso Alba—. Necesito publicidad.

—Es usted la cantante, ¿verdad? —inquirió el guardia menos agresivo—. ¿Me da un autógrafo?

—¿Con foto? —ofreció ella desabrochándose un par de botones.

—Mi hija es fan suya.

—¿Tú no?

—Bueno, a mí también me vas.

—Aquí tienes. Llevamos prisa.

—Pueden seguir —determinó el otro agente tras cachear al promotor y examinar los permisos; aludió a la nariz herida de Amaral—: Cuídese ese golpe.

—¿Alguna novedad? —quiso saber Alba después de algunos kilómetros en silencio, atentos al motor, que emitía extraños gruñidos.

—No —repuso Amaral—. Bueno, imagino que sí. Voy a tener un hijo. Mi mujer, quiero decir.

24

Una crisis prostática me retuvo en cama largos días que empleé en leer a Anaïs Nin. En mi ausencia y la del director, César Ruana había dedicado a Embún una doble página dominical con llamada en primera y despliegue gráfico reservado a grandes personalidades. El periódico tiró doscientos treinta mil ejemplares. Nunca el propietario de las Torres se había beneficiado de una promoción tan generosa. Nunca antes *El Comercial*, cuya redacción, más o menos, consideraba a Embún un gángster de cuello blanco, se había rebajado así.

En una de las fotografías, Jesús Embún posaba con su familia delante de una mansión que parecía un club de golf. En otra sonreía sobre un comentario donde se insinuaba su vocación de salvapatrias. El titular apelaba a la necesidad de regenerar la nación.

Desde su precaria oficina, Quintín Racaj podía ver a Ruana atento a su pantalla, al teléfono, a los balances de situación que le remitían los bancos, los agentes de bolsa. Quintín debió de leer la entrevista hasta memorizarla. Supongo que la picaría en su ordenador y la imprimiría por bloques. Sabía que Ruana trabajaba de manera aleatoria, sin verdadero rigor, limitándose a transcribir rápidas notas. Cuando le interesaba, enaltecía al personaje con adjetivos hueros. Nadie se expresaba ya con la retórica pueril de los cuestionarios de Ruana, pero sus vanidosos protagonistas quedaban obligados a una larga gratitud. Como subdirector tuve que enfrentarme en ocasiones con él. Llegué a enarbolar frente a su perfil de sicario el bastón con puño de plata que me regaló Maria Callas. Pese a mi hostilidad, Ruana proseguía su carrera de fondo con el aplomo de quien se sabe inmune.

David J. Singra no había aparecido aún en los cuadernos de campo de Racaj, pero mi reportero albergaba sospechas sobre su implicación en negocios de Embún. Racaj iba dibujando un círculo alrededor del empresario. Poseía el testimonio del sargento Bravo, fotos de reuniones clandestinas, claves del hampa... Le faltaban respuestas. ¿Por qué se arriesgaba un hombre tan rico?

Racaj había rastreado su historia. El financiero parecía carecer de juventud. Sus referencias arrancaban de los años ochenta, época en la que se le vinculó con las finanzas de los partidos políticos. Antes, un gran vacío.

De la entrevista de Ruana me impresionó la foto en la que Embún posaba junto a Natalia. La esposa del candidato pertenecía a esa clase de mujeres capaces de emanar esencias sexuales en estado puro.

En las últimas semanas la investigación había experimentado ciertos avances. Sin llegar a ser todo lo nítidas que exigía el criterio editorial del periódico, las revelaciones del sargento Bravo apuntaban hacia una sociedad de respetables ciudadanos en complicidad con el narco. Al filo de la presión, el policía desveló un nombre sobre el que Racaj ya trabajaba: Augusto Floría, célebre por su cuadra de carreras y por la defensa de relevantes casos en los tribunales. Floría era conocido en *El Comercial*, donde disponía de contactos a nivel de jefaturas de sección. Su bufete había representado al periódico contra la querella de una asociación de consumidores. Ganó el pleito.

Fiel a su método, Racaj relegó otros reportajes en curso para consagrarse a la vigilancia de Floría. Pronto había reunido un perfil profesional, sus declaraciones fiscales, una lista de propiedades inmobiliarias, acciones, títulos... Era rotario, vicepresidente del Colegio de Abogados, cónsul de Panamá, secretario de la Fundación Bellas Artes, presidente de un club de golf y amante de una mujer cuyo atractivo disparó la adrenalina de Racaj la primera vez que la tuvieron a tiro de cámara: Natalia Embún.

—Un ciudadano diez —resumió Racaj. Sosteniendo cada uno su grasienta hamburguesa, acababa de poner al día a Cristina, la fotógrafo que yo le había asignado. Era hija de un redactor jubilado y me informaba puntualmente.

A base de ocupar parte de su jornada en el cubil de teletipos, la chica terminó por tolerar las extravagancias de Racaj. Cuando se aburría, hojeaba archivos de casos. Un día se fijó en la máquina de escribir.

—¿Y ese nombre?

Quintín la miró con ojos miopes. Estaba repasando una vez más el dossier del abogado Floría.

—El apellido grabado en el carro —precisó Cristina.

—Singra. David J. Singra, una leyenda de la redacción. Ganó el premio nacional. Después abandonó el periodismo para dedicarse a campañas políticas, salir en las revistas, dar conferencias, cosas así. Vázquez de Luco lo tiene en un trono. Una especie de donjuán literario, ya me entiendes. Mi antípoda —sonrió con su fea sonrisa.

—¿Puedo leer algo suyo?

—En la hemeroteca. Lo mejor son los reportajes de investigación. Escribía con brillantez, aunque le faltaba rigor.

Cristina leyó unos cuantos artículos de Singra. No acabó de gustarle el estilo suntuoso, barroco, ni la carga narcisista que hacía girar la narración en torno a su experiencia.

—Odio el protagonismo en la prensa —dijo a Racaj.

Seguían en coche al abogado.

—Estoy de acuerdo.

Floría aparcó en el Hotel Nacional. A través de las lunas, los periodistas vieron llegar al candidato Embún.

—Es la tercera vez que se reúnen esta semana —dijo Racaj—. Fíjate en los otros.

Como si su relación personal y sus asuntos atravesasen una buena época, las fotos, una vez reveladas, mostraban a los dos en actitud amistosa.

A Racaj no le agradaba revelar determinados rollos en el periódico. Por eso pedía a Cristina que aguardase en el salón de su casa, por llamar de alguna forma a la habitación que daba a un patio interior, mientras él ampliaba las copias en su pequeño laboratorio. Estaba llegando a la conclusión de que Embún y Floría ejercían de anfitriones. Los asistentes a esos cónclaves de hombres de negocios nunca o casi nunca coincidían entre sí.

A Cristina no le importaba esperar sentada en el arruinado sofá mientras Racaj pasaba a limpio sus notas intentando reflejar el mínimo detalle de las escenas de que habían sido testigos: ropas, edades, cabellos, alturas, matrículas, agencias de alquiler de automóviles, de las avionetas privadas en que algunos de ellos, según un dato facilitado por Bravo, se desplazaban a la ciudad.

La red de informadores de Racaj parecía extenderse por todas partes: taxistas, controladores aéreos, ratas de los bajos fondos...

En su laboratorio, que se correspondía con una antigua cocina de pozas de loza, Racaj se concentraba en el proceso de saturación de grises y negros. A veces sus manos rozaban a Cristina en el angosto espacio del cuarto. Ella podía percibir la ausencia de olor de su cuerpo, como si su piel cubriese materia inerte. No sentía hacia él, hacia la metálica voz que habría sabido distinguir entre cien, sino un principio de admiración, pero la confundía aquel otro sentimiento que pretendía abrirse camino entre las blandas fronteras de la amistad. Tal vez, pensaba, y así me lo confesó ella, fuese más allá, hacia los heroicos terrenos de un puro idealismo. La fotógrafo intuía que, contra su propia lógica, él, a su modo solitario y distante, se estaba enamorando de una ilusión. Y ella adivinaba que, por su parte, sólo llegaría a ofrecerle una mezcla de compasión y ternura.

A aquellas reuniones en el Hotel Nacional, en gimnasios y clubs, nunca asistió una mujer. Cristina oía hablar de Natalia Embún a Racaj, que seguía a Floría como a una presa. Sin conocer exactamente la causa, se sentía celosa.

En una de las frecuentes comidas entre el abogado y Embún compareció David J. Singra. Racaj pudo identificarle por las fotos de la hemeroteca. En otra ocasión le sorprendió por el barrio judío, junto a la antigua fonda de carros, merodeando cerca de la pensión donde Natalia Embún y el asesor legal de su marido celebraban sus orgías secretas. Abatido y alto, el cuello de su camisa atrapando la luz de la tarde, Racaj tomó imágenes de David J. siguiéndoles como un ángel vengador por la calle de la Cárcel. Ignoraba aún que Singra se había enredado en una mórbida pasión.

25

D. J. despertó con una sensación de intensa soledad. Descolgó el teléfono y preguntó a recepción por los horarios de trenes. En la época dorada de sus mejores campañas se había alojado con frecuencia en ese mismo hotel, el Ritz, junto a Rebeca Montenegro. La cuota de angustia que ahora pagaba sin rabia, como venía aceptando otros tormentos, estaba relacionada con su resaca de tabaco y ron, y también con la intuición de que nunca más encontraría el amor.

A las ocho de la mañana, sin poder esperar, marcó un número que Rebeca había escrito al dorso de su tarjeta. Necesitaba oír su voz. Otra persona le dijo que llegaría más tarde. David la imaginó en la cama con Feyto, desperezándose, eligiendo el vestido para una nueva jornada en el protocolo del poder. La náusea que anidaba en su estómago se transformó en dolor de cabeza. Bajó a desayunar sin afeitarse.

Natalia tomaba café en una de las anchas mesas redondas. Vestigios de sueño y sensualidad fatigaban su rostro. Estaba leyendo *El Comercial*. Singra se acercó por su espalda.

—Zumo de naranja, por favor.

—¿Recién exprimido? —repuso David.

—Disculpe —se azoró ella—. Le he confundido con un camarero.

—Lo fui hace años, en la Universidad. Para pagar las clases.

—Le gusta dar a entender que ha vivido mucho, ¿verdad?

—¿Qué se entiende por vivir? Si te refieres a que no he conseguido establecer una familia, mantener un empleo o votar al mismo partido, entonces he vivido. ¿Cuándo vas a tutearme?

—En realidad te aborrezco —dijo Natalia—. Si pudiera despedirte, ya no estarías aquí.

—Veo que aún soy capaz de levantar pasiones.

—Mi marido ha cambiado. Ensaya el nudo de la corbata. Se cambia de ropa tres veces al día. Colecciona amantes. Sólo habla de la campaña, de ti, de la televisión, del poder.

—¿Qué hay de malo en ser la esposa de un senador?

Natalia lo miró. Tenía los ojos líquidos.

—Soy una chica fácil de herir.

«¿Enamorada?», estuvo a punto de preguntar el asesor, tratando en vano de atribuir rasgos románticos a una pareja que se le antojaba imposible: Embún, sus negocios y visitas a la casa de masajes; una hermosa y desocupada Natalia adulterando el matrimonio en míseras habitaciones del barrio judío. Algo en la ligereza, en la frívola esencia de aquella mujer le atraía con una fuerza magnética. Encontraba que su vanidad tenía encanto y que la tensión sexual animaba su cuerpo con una llama interior. Singra ignoraba la raíz de su deseo, si se estaba enamorando de ella o sólo quería embrutecer el hermoso cuerpo que le había deslumbrado desde la terraza de su casa. Esa imagen volvía a su memoria como una obsesión. Pensaba en ella como en un objeto de placer, pero también, y eso le desconcertaba, con una especie de oculta ternura.

La noche anterior, mientras el candidato saboreaba su experiencia en unos estudios de televisión, la había estado observando. ¿De qué secretos hábitos, de qué código procedía la sumisión a su marido? No podía tratarse sólo del dinero, del instinto de conservación. ¿Quién era Natalia Embún? ¿Con cuántos hombres se había comportado así?

«¿Con cuántos?», pensó David mientras ella empezaba su desayuno.

—¿A quién has previsto sobornar hoy?

Singra adoptó un tono familiar.

—Pensaba visitar el planetario.

—Mientes muy mal.

—Tu marido está en París. ¿Qué piensas hacer?

—Valentino acaba de inaugurar una tienda.

—¿Vestuario de campaña?

—Si lo autorizas.

Diez minutos después estaban desnudos, uno sobre otro, en la habitación de David. Todo había empezado en el ascensor. Ahora, sábanas revueltas y toallas húmedas prestaban una virtud bélica al combate de pasión que se deslizaba por sus cuerpos como una cálida lengua. Al besarla, Singra sintió desbocarse su placer. Ella siguió agitándose debajo de él, apagándose al mismo tiempo que él. Quedaron tendidos sobre la cama. Natalia, como ausente, murmuraba frases que no alcanzaban a significar nada; al menos él no pudo entenderlas. Era como si hubiese abierto la puerta a un lenguaje desconocido.

De pronto, le golpeó en la cara. Antes de que Singra pudiera reaccionar comenzó a vestirse.

—¿Por qué has hecho eso?

—Pensé que eras diferente.

—¿Te has vuelto loca?

—Adiós, señor D. J. Recuerda que me gustan las emociones fuertes. La próxima vez procura sorprenderme con algo especial.

La bola botó justamente sobre la cerca y cayó al otro lado de la pista. Ya había sucedido en una jugada anterior. Amaral agitó la raqueta hasta llamar la atención de un operario que sulfataba el césped.

—¡Nada a treinta! —gritó.

Su jersey no alcanzaba a disimular el flotador de grasa que le excedía la cintura. Manteniendo el servicio y practicando estratégicas subidas a la red había resistido con dignidad el primer set, que no entregó hasta la muerte súbita. Pero la segunda manga estaba poniendo en evidencia su momento de forma.

—¡Quince a cuarenta!

Volvió a entregar el saque contra un revés paralelo de Singra. Al cambiar de lado se derrumbó bajo una sombrilla. Secó su empapada frente y apuró un resto de bebida isotónica. Al otro lado de la silla del juez, Singra practicaba flexiones para no enfriarse.

—¿Abandonas?

—Jamás.

El servicio de Singra inició el suplicio que ellos denominaban «baile de los malditos». David encadenó un fuego cruzado a base de golpes con efecto que sacaban a Amaral de la cancha, obligándole a correr de uno a otro ángulo. Después de una serie de drives que limpiaron las rayas, Singra subió a la red y acarició la bola matándola en una majestuosa dejada. Amaral fue a por el primer bote, pero sus zapatillas se enredaron en un molinete y cayó como un novillo furioso.

—¿A la ducha? —insistió Singra cuando Amaral, envuelto en el polvo rojizo de la tierra batida, comprobó que de su rodilla izquierda manaba sangre.

—Nunca.

Los últimos juegos resultaron agónicos. Un jadeante Amaral que había decidido adoptar la personalidad de Muster se atrincheró en el fondo y comenzó a liftar defensivos globos. Su esfuerzo le sirvió para recuperar el break y forzar el desempate a cinco, pero la mayor sangre fría de su rival volvió a imponerse. Singra remató el punto de partido con un implacable smash. Saltó la red y felicitó a su rival por su aguerrida resistencia.

—¿Tienes un porro? —resopló Amaral.

Después de la sauna, con naturalidad, lo encendieron en la pradera. Los hoyos de golf dibujaban un amable paisaje. Singra apuró el petardo con hondas caladas, de modo que el humo de hachís le bajase hasta la boca del estómago, y lo pasó a Amaral.

—Llevaba siglos sin jugar —dijo el manager, como justificando su derrota.

—Yo también. Hace semanas que estoy en campaña.

—Debes tener cuidado con ese tal Embún.

—¿Y tú? ¿Has perdido el juicio? ¿Qué delirio es ese del valle de Jackson?

—He preguntado primero.

—Después de ti, Amaral.

—Me gusta llamarlo el show del fin del mundo. ¿Puedes imaginarlo? Una vaguada próxima a mi picadero del Casino, donde aparecieron restos fósiles, del cretácico o cretense superior... —Mientras dudaba procedió a quemar la china para liar un segundo canuto—. Ahora mismo no recuerdo con exactitud el período.

—Tampoco tiene importancia, Víctor Manuel.

—No me llames así. Sabes que no me gusta. El caso es que a Jackson le ha hecho ilusión. Habrá fuegos y una gran explosión para recibir el milenio.

—Embún necesita ese escaño para lavar su imagen y seguramente un porcentaje de su dinero negro —enlazó Singra sin transición—. Aunque sus primeros negocios los hizo en vida de Franco, pertenece a lo que podríamos llamar la burguesía posterior. Tiene tanta clase como un buey. Su conocimiento de la política raya en la ignorancia. Desde hace algunas semanas me acuesto con su mujer. Luego vendrá a buscarme para montárnoslo en un motel o en mi casa de Barranco de Lobos.

Amaral lo miró con admiración.

—¿Cuánto?

—Treinta millones. Habrá propina si sale elegido.

—Por mi parte, porque me toca a mí, ¿no? —David asintió, sonriente; Amaral pensó que a veces su sonrisa, de puro hipócrita, repugnaba—, trataré de no arruinarme.

Singra arrugó los labios en un gesto incrédulo.

—¿No me crees? Poborska, desde Colonia, me está apretando las tuercas. Y ese Nagen del demonio es como un prestamista. Invertiremos tres millones punto cinco. Búfalo sólo cubre el veinticinco por ciento. He hipotecado la casa y el coche.

La sonrisa de Singra se hizo dulce, ambigua.

—Estás cerca de conquistar la gloria.

—Así lo espero. Si no funciona, operaré con mis pequeñas compañías, aunque sólo sea para salvar los muebles.

—¿Cómo va el taquillaje?

—En las primeras horas despachamos treinta mil entradas —informó Amaral, con falsa modestia—. Récord de venta anticipada en nuestro país.

—¿Puedo serte útil?

—Tal vez necesite contactos en las altas esferas.

—Cuenta con ello.

Sin dejar de caminar, David le pasó el canuto. Se acomodaron en unas tumbonas. A unos ciento cincuenta metros el río discurría ancho y pesado, como una barra de hierro fundido, entre los arrabales y la arena del desierto. Bajo el dobladillo de sus bermudas fosforescentes, las moscas buscaban la herida en la rodilla de Amaral. Un camarero les sirvió unos martinis.

—¿Tanto significa para ti ese concierto? —preguntó Singra mordisqueando la aceituna.

El productor asintió con su lanuda testa. Sus rebeldes rizos caían más abajo de los hombros.

—Pagarías porque le pusieran tu nombre a una plaza —dijo el asesor, no sin desdén.

—Así es. —«Correcto», estuvo a punto de añadir Amaral remedando al piloto; la asociación mental con el helicóptero le recordó que debía ocuparse con urgencia de algunos detalles de producción—. ¿Para qué hablar de algo que no figura en tu escala de valores? Nunca has sabido para qué sirve el poder, la fama. Por eso te dejó Rebeca.

Una mirada de Singra le advirtió que no debía pisar aquel territorio. Amaral apeló a su martini, chasqueó la lengua, prosiguió:

—No soporto el anonimato. Dentro de veinte años, cuando tengamos la edad de Poborska, y bastante menos poder, y cáncer, o sida, me gustaría que alguien me señalase por la calle. Que me reconociera un taxista. Firmar un autógrafo a la salida del cine.

—Eres un ególatra, Amaral.

—He declarado la guerra a las clases medias.

—Hablando de guerras. Se dice por ahí que le estás preparando a Jackson un simulacro nuclear.

—Correcto —sonrió Amaral, satisfecho; ahora no detectaba cinismo en el tono de Singra, pero sabía que la burla seguía allí—. A las doce en punto se producirá una explosión. El desierto temblará al elevarse la nube nuclear. Michael estará en la cruz, agonizando con *Heal the world*. Los cañones de luz lo abrasarán en una imagen brutal. Sólo entre las primeras filas se desmayarán alrededor de quinientas personas. Histeria, pánico. Ambulancias, sirenas. Un hospital de guerra para la batalla galáctica del pop. Y luego el éxtasis.

Hizo una pausa para continuar, humedeciéndose los labios:

—La nube no contiene elementos tóxicos, pero se repartirán máscaras para tranquilizar al público. Llevan incorporado un mecanismo de visión nocturna. Todo el mundo podrá ver al becerro de oro.

Singra lo escrutó como a un perturbado.

—Vaya, Amaral. He tenido problemas últimamente, y a menudo me he sentido a punto de perder el juicio, pero me temo que tú has cruzado una frontera sin retorno.

—Me he inspirado en el Gólgota —añadió el manager.

Su amigo siguió calibrándolo con la misma mirada escéptica. Amaral explicó:

—Una luz del color del tiempo ascenderá a través de la nube. Como un espíritu santo, el pájaro, con Michael a bordo, resucitado, planeará sobre el desierto. Rumbo al aeropuerto porque el dos de enero tiene un show en Sidney —agregó, compungido.

—No se me ocurre qué decir —dijo Singra luchando por reprimir la risa.

—Resumiré lo peor de todo: algún día deberé admitir que sólo fue un concierto.

—Con su gramo de gloria.

—Necesito un gramo —dijo Amaral, y se pasó las manos por la cara.

Refulgían sus ojos garzos, de enormes movimientos. Se sentía pletórico, pero también exhausto. Como si acabase de hacer el amor con Vanessa, pensó, intentando superar la opinión que se merecía tras su derrota en la cancha. «¿No te importa?», dijo extrayendo de su bolsa de tenis una capsulita de vidrio. Alineó una raya sobre la funda de su raqueta y, comprobando que los niños estaban alejados y que de las jóvenes madres y sus revistas de moda les separaba una prudente distancia, aspiró como un hipopótamo.

—Buen rollo —dijo con la nariz manchada.

—Eso te matará —le recriminó Singra.

—Deberías probarla. ¿Otra por los viejos tiempos?

Un grupo de hombres se dirigía hacia ellos. Parecían hechos de otra fibra, pesar más. Llevaban trajes de confección, audífonos.

—¿Alguna celebridad? —preguntó Amaral balanceándose en la subida de la droga, que le comunicaba una insoportable lucidez.

Con las últimas dosis sus reacciones estaban derivando hacia parámetros existenciales. Le daba por discurrir sobre el ciclo de la vida; su hijo, que estaba por nacer; la muerte. ¿Cómo moriría? ¿Tal vez en público?

—Escucha, Amaral. Se me está ocurriendo que quizá podamos trabajar juntos.

—¿Cómo?

—Embún necesita un golpe de efecto. Tal vez, si me invitaras a compartir la campaña de Jackson...

—¿Quieres asociarte en el show?

—No. Sólo me haría falta un par de fotos. El político y la estrella, ya me entiendes.

—¿Qué gano yo?

—Podemos negociar con Embún.

Singra se estremeció. ¿No era Rebeca Montenegro aquella mujer cuyos pasos flotaban sobre el césped? El aire cálido hacía brillar su melena con destellos de color cerveza. Avanzaba entre los quitasoles blancos y azules compartiendo con el presidente una sonrisa artificial. Feyto llevaba el pelo planchado hacia atrás. Los fotógrafos enfocaban sus cámaras. Singra pensó en los vínculos que aún les atormentaban. La pareja llegó hasta las mesas de piedra y las tumbonas distribuidas por el extremo de la pradera. Un asesor indicó a los gráficos que debían retirarse.

—Me alegro de verte, David —dijo Feyto sorteando sus equipajes de tenis, volcados en la hierba, con aquella voz que ambos habían perfeccionado—. Tu amigo sin duda es...

—Amaral, de Estación Búfalo, señor presidente —se apresuró a presentarse el manager, maldiciendo su suerte por haberse dejado sorprender con esas bermudas—. Es un placer conocerle. ¿Ha recibido mi invitación para el concierto de fin de año? Confío que nos honre presidiendo la tribuna de autoridades.

El político sonrió desnudando los dientes. Ni siquiera sabía de qué le hablaban.

—Mi sccretario anotará su dirección. Nos pondremos en contacto con usted... Si no tienes inconveniente quisiera entretenerte un minuto, David.

Singra se dejó llevar hacia la orilla. ¿Hacía cuánto que no hablaban? Cada día las cadenas de televisión y los periódicos reproducían su rostro; para el asesor continuaba siendo una referencia imposible de abstraer. Pero así, tan cerca, en una mañana al sol, con mariposas y libélulas volando entre los rosales y las gabarras descendiendo por el río... No se veían desde aquel día, en los jardines de La Moncloa, cuando Singra le dijo lo que pensaba de ellos, de él...

El presidente estaba más delgado y pálido. Un decaimiento tónico de su antiguo vigor se traducía en ojeras y una cierta flacidez. No miraba de frente, aunque nunca antes lo había hecho. Seguía usando la misma loción de afeitar. Un leve olor a café amargaba su aliento. Había empezado a hablar de un tema de actualidad, la fábrica de un nuevo modelo de carro de combate, asunto que le había traído a la ciudad. Singra apenas le oía. Ambos miraban más allá de las barcazas que transportaban estructuras y maquinaria pesada. Su voz, en la que tanto habían trabajado, seguía albergando seductoras esencias. Los electores reconocían ese timbre oscuro y argénteo a la vez. Sin embargo, el asesor detectó cansancio, ligeras inflexiones, aceleración del fraseo, sutiles indicios que advertían sobre los devastadores efectos del poder.

Feyto ensayó un tímido retorno a su época de amistad, pero la mirada hosca de Singra, perdida en las columnas de humo de los barcos, le hizo entender que no le había perdonado.

Estallaron los primeros cartuchos de los tiradores de plato. Los guardaespaldas corrieron hacia el foso de competición.

Feyto se decidió a abordar la campaña. Estaba a cinco puntos, dijo, pero el partido cerraría filas en torno a su candidatura. Los principales medios le concederían el beneficio de la igualdad. Tenía el respeto de las fuerzas económicas. A partir de ahí se podía ganar.

A treinta pasos del río, David se giró para mirar a Rebeca. Se había sentado en la hierba, al lado de Amaral.

—Sé que trabajas para Embún —dijo el presidente—. Tengo un dossier a tu disposición. Sobornos, extorsiones, tráfico de drogas.

El político, nervioso, siguió inventariando las actividades marginales de Embún.

—No puedo entenderte. Desapareces del escenario y, de pronto, apadrinas a un delincuente. ¿Has oído hablar de la inmunidad parlamentaria? A un senador es más difícil condenarlo. Embún ha emprendido una huida hacia adelante. Con tu complicidad, David.

«¿De quién huye?», iba a cuestionar Singra. El presidente le ahorró la pregunta.

—La prensa anda detrás de él. Un equipo de *El Comercial* está investigando sus conexiones con los traficantes internacionales. Nuestros cuerpos especiales han infiltrado agentes entre los narcos. Sabemos que Embún trafica a gran escala. Es cuestión de semanas. De meses, si quieres, pero caerá. Puedo proporcionarte información de la Fiscalía del Estado. Vamos a por él, David.

—No deberías confiar en mí. Recuerda que sólo soy un mercenario.

—Bien pagado, al menos.

—No siempre se me puede comprar con dinero.

—Rebeca te hizo una proposición seria. No entiendo por qué no has contestado.

Los guardaespaldas habían hecho salir del foso a los tiradores deportivos. Sin demasiados miramientos, revisaban sus armas.

—¿Cómo te sientes con todos esos payasos a tu alrededor? —preguntó Singra.

—¿Quieres que esta conversación termine?

—Quiero que todo termine.

—Espero que no se te ocurra enfrentarte a nosotros.

—Sólo a vuestros candidatos al Senado. No eres mucho mejor que Embún, y hasta él merece una oportunidad. Te recuerdo que vivimos en un país libre. También te recuerdo que sé quién eres y cómo sueles hacer las cosas. Cuando dejes de ser presidente, circunstancia que se producirá muy pronto, el destino te ajustará las cuentas. Destrozaste mi vida, Feyto. Has defraudado a mucha gente. Rebeca nunca estuvo enamorada de ti, sino del poder. Tampoco eso tardarás mucho en comprenderlo.

El presidente se agachó para cortar un trébol. Lo contó, pero no tenía cuatro hojas.

—Adiós, D. J. Siento que nuestra vieja amistad se rompa.

26

«¿Eres tú, Alba?»

Había preguntado, con prudencia, sintiendo que se le aceleraba el pulso. Estaba en la ciudad, en su despacho de Estación Búfalo, con los talones apoyados en una silla Mackintosh. Acababa de regresar de una gira con Bowie. Su reloj todavía marcaba hora de Singapur.

—Disculpa, Tony. No te había conocido. Te paso con el gran hombre.

—¿Aló?

—Siento molestarte, jefe. Acabamos de recibir un fax de Los Ángeles firmado por Ivo Nagen.

—Léelo —ordenó Amaral desde el Casino.

Alba salió a la terraza de la amplia habitación. Arrugadas por el suelo, sucias, las sábanas parecían haber servido de alfombra a un desfile de caballos. Dos cárdenas señales atravesaban el pecho del manager. Del dosel de la cama colgaba un juego de esposas. En una bandeja, junto a las bebidas, había un montoncito de coca.

Elhombre recitaba:

—... doscientas cincuenta toallas sin estrenar, negras y rojas, pancartas por toda la ciudad, pista de baile en la suite, globos rojos y negros, veinte hombres armados en el escenario...

—Basta, Tony. No me hagas perder más tiempo. ¿Has cerrado el sponsor?

—Todavía no. Pero hemos avanzado en el simulacro nuclear. Estará a punto. La empresa promete efectos deslumbrantes. El perfil de la explosión recordará a Hiroshima.

—¿Has comprobado las ventas?

—Nos estamos estancando.

—¿Por eso te marchas una semana a Indonesia con George Díaz y David Bowie?

—Eran mis vacaciones, yo...

—¿Te ha ofrecido trabajo George?

—Quiero seguir contigo —dijo Elhombre en el tono más suave que pudo—. Por favor, cálmate.

—Convoca una rueda de prensa. Invita a Poborska y a su frígida valquiria. Pasa de Nagen.

—¿Te encuentras bien?

—¿Por qué? —repuso Amaral, aprensivo.

—Te noto raro.

—Mis transaminasas están por las nubes. Este concierto me produce un estrés animal. ¿Qué hay de Vanessa?

—Se ha marchado hace un rato. ¿Le digo algo?

—Que me llame.

—¿Prefieres llamarla al móvil?

—Que me llame «ella» —subrayó Amaral.

—Se lo diré.

—¿Esta noche, tal vez? ¿También tú, Tony, también tú?

—A veces nos vemos, como amigos. Eso es todo.

—No es más que una zorra, ¡dímelo!

Elhombre se concedió un respiro.

—Cambiando de tema, Amaral. Nagen nos recuerda el vencimiento del pago.

—¿Setecientos cincuenta?

—Ochocientos mil dólares. En puridad, habría que reunir al consejo para que autorizase el libramiento. Apelando a razones de urgencia podemos ampararnos en la vía de ratificación. Tiene riesgos, como sabes. Tú decides.

—Ratificación —determinó el manager—. Nos lo jugaremos a una carta. Ten listo un informe por si lo demandan los señores consejeros. Un día me oirán esos inútiles. Lo más cerca que han estado de la gloria es de los coños de sus gordas mujeres.

—¿Modifico los términos económicos de la producción?

—En un treinta por ciento, a la baja. No contabilices el seguro.

Los estores transparentaron la silueta de Alba. Se cubría con un albornoz que llevaba bordada la serpiente heráldica de la antigua ciudad árabe.

—El consejo puede vetar la operación —estimó Elhombre.

—Haz lo que te ordeno —se impacientó el manager.

—Hugo acaba de estar aquí.

—¿Plantagenet?

—Ha exigido el precontrato de Michael. —Amaral se descompuso en una cascada de insultos—. Dijo actuar en nombre del consejo, a través de un mandamiento. Dijo que tiene un poder notarial.

—¿Te mostró el documento?

—Di por buena su palabra.

—¡Palabra, Plantagenet! Si ni siquiera se llama así. Exígele una copia y envíamela por fax. Búscalo. Encuéntrame a ese traidor.

Elhombre podía oír el aliento de Amaral.

—¿Cuándo me he entrometido en la División Política? Es un desafío, Tony, una guerra total. Tengo un dossier de Plantagenet en mi mesa. La llave maestra está escondida en el disco de oro de Alba. Selecciona un par de fotos y fíltralas a cualquier revista. Hay varias con animales y vestido de mujer. Llama a Ruso, de *Elite*. Creo que lo tenemos en nómina. Que publique algo realmente fuerte.

En ese momento sonó el teléfono de la habitación. Amaral arrojó el móvil contra la almohada y descolgó el otro receptor.

—Aló.

—Flores, señor Amaral. ¿Me escucha?

—No hace falta que grite, Flores. No cuelgues, Tony—añadió por el móvil—. Adelante, Flores.

—Siento molestarle. Usted me dijo que le llamara si...

—Sea rápido, se lo ruego.

—Correcto. Se trata del permiso para el espacio aéreo, señor. Los de protección civil están poniendo muchas trabas. Temo que en el aeropuerto nos prohíban operar. Voy a necesitar la caballería.

—La tendrá. Anote este teléfono. Corresponde al gerente de aviación civil. Llámele de mi parte.

—No tan deprisa, señor.

—Correc... No hace falta que me llame «señor» todo el tiempo, Flores.

—Nunca me habían pagado con tanta antelación, señor.

—¿Ya ha cobrado usted? —estalló Amaral, precipitándose sobre el móvil—. ¿Tony, estás ahí?

—Aquí sigo.

—¿Ha cobrado el piloto?

—Le extendí un talón antes de girar con Bowie.

—¿Por cuánto? ¿Por qué? —se atropelló Amaral cubriendo alternativamente los dos receptores.

—Con el seguro, varios millones.

—¿También has pagado el seguro? No cuelgues. Flores.

—Señor.

—Recuerde que el seguro del pájaro corre de su cuenta. Anote este otro número. Pregunte de mi parte por el superintendente de la policía. Aguarde, llamaré yo mismo.

—Correcto, señor.

—Correcto, Flores. Compre globos negros y rojos para decorar la cabina. Y cintas de James Brown. A Michael le gustará. Globos, sí. ¡Globos! Tony, ¡escúchame!

—Apenas te oigo, Amaral. Debe de tratarse del repetidor del desierto.

—Aguarda un segundo. Está saliendo un fax. ¡Es Poborska! Llega el quince. ¿Cuándo...?

—Es hoy, Amaral —dijo Alba, desde la terraza. Estaba desnuda, fumando un porro.

—No puede ser.

—Es quince de noviembre. Faltan cuarenta y cinco días para tu concierto del fin del mundo.

—Hay que recogerle en el aeropuerto. A las once. Déjame pensar... Son las ocho. ¿Por qué no dormimos nunca? Iré yo mismo. A lo mejor te gusta esa frígida de Irina, ¿eh, Albita? —voceó hacia la terraza; Alba repuso con un gesto obsceno, alzando el índice—. Plantagenet, el muy perro... ¿Aló? Un momento Tony, no cuelgues. Llaman otra vez. ¡Oskar, no puedo creerlo! Precisamente estaba leyendo tu fax. Qué maravillosa sorpresa. Estás en el aeropuerto, naturalmente. Colonia, sí. Te esperaré a pie de avión. ¿Viene Irina? Permíteme que os reserve en mi hotel favorito, cerca del valle de Jackson. Chao, Oskar, maestro, chao...

Amaral colgó ambas líneas a la vez. «Necesito una raya», pensó, desesperado.

27

Aunque el jardín de los Embún se teñía con los mostazas y cobres del otoño, y a la piscina caían hojas secas, las nubes del norte, que años atrás traían las lluvias, ya no anunciaban la niebla ni el frío. Erik y Alonso, los hijos de Embún, sostenían que los cambios meteorológicos eran debidos a las agresiones de las compañías transnacionales contra la capa de ozono. Eso, más o menos, había oído un atónito Singra mientras medía la luz para rodar un nuevo spot de campaña.

Acatando orientaciones del asesor, el vestuario de Natalia, sus escotadas camisetas, esas faldas ceñidas, los oros y sandalias iban cediendo paso a vestidos y trajes de chaqueta que dejaban a la vista menos centímetros de piel.

El carácter de la mujer de Embún parecía haberse moderado. Incluso en la cama observaba actitudes hasta cierto punto pasivas. A menudo, Singra la encontraba ausente.

No le angustiaba. Inmerso en la campaña, el resto del mundo había pasado para él a un borroso segundo plano.

Quedaba ya poco tiempo. Asesorado por las últimas encuestas, el Gobierno había elegido el segundo domingo de enero para consultar al país. La familia Embún no tendría más remedio que soportar hasta entonces los focos y las «plumas», las cámaras y unidades móviles.

Al volante del Volvo que el mecánico particular se encargaba de mantener limpio y con la presión de los neumáticos bien regulada, el asesor llegaba temprano. Ocupaba un despacho instalado en la sala de billar. A las nueve, vestido con ropa cómoda, se incorporaba Embún. Leía periódicos, repasaba argumentarios. Después grababa exteriores, primeros planos, visitaba institutos o practicaba jogging por los parques públicos para promocionar su ideario deportivo. Frente a las cámaras jugaba con sus hijos, con los perros, ensayaba discursos o relevaba al jardinero en sus faenas, ilustrando así su programa medioambiental.

Una de esas tardes, Quintín Racaj había aparcado su coche bajo los plataneros de la avenida del Perú. Juzgándole uno de tantos meritorios que itineran por las redacciones para, desengañados, acabar en gabinetes de prensa o vendiendo enciclopedias de puerta en puerta, Singra le había autorizado, junto a su compañera, a realizar un reportaje de ambiente.

Quintín llevaba unas líneas de mi parte. Le dijo a Singra que sus artículos habían supuesto para él una guía del periodismo de investigación, y que conservaba la máquina de escribir en cuyo carro, a punta de navaja, él había grabado su nombre. «Mi vieja Olivetti», murmuró el asesor.

«No he venido en calidad de investigador, no se inquiete», había matizado Racaj. Pero aunque Singra sonrió y, como si hiciera tiempo que no sabía nada de mí, se interesó por mis cataratas, por mi operación de próstata, por la nueva rotativa del periódico, se mantuvo en guardia. ¿Reporteros cubriendo previas de una campaña menor, tomando notas, haciendo fotos? ¿No había otras exclusivas en que ocupar los equipos de investigación? Como si leyera la mente de Singra, Racaj explicó que, a raíz de sus apariciones en medios, las expectativas del candidato Embún se habían disparado.

A medida que Racaj urdía excusas para permanecer cerca de ellos, curioseando por su cuartel general, Singra se representaría a sí mismo ejerciendo su antiguo oficio: la mirada impávida, un cigarrillo en la boca, la arrogancia de la juventud aflorando en cada gesto. Imaginaría a aquel chico, Quintín, bajo mi tutela, iniciándose en el arte de la información. Y acaso trataría de adivinar qué juicio inspiraría a los reporteros de *El Comercial* ese otro David J. Singra recuperado para el espectáculo de la política, maduro y roto, pero siempre seductor con sus trajes a medida y su bronceado de Islas Caimán.

En los cayos de ese archipiélago, David J. acababa de disfrutar de una semana de descanso en compañía de Amaral, Oskar e Irina Poborska. El judío había invitado a Singra por consideración a su antigua amistad.

El asesor ya conocía las islas. Algunos años atrás, Poborska le había amañado en aquellos mismos escenarios caribeños un romance con alguna de sus ex-esposas; tampoco Singra podía recordar su número exacto en la lista de matrimonios del magnate. Gracias a un reportaje de fotos robadas en una playa desierta, el judío obtuvo de la corte judicial un divorcio bastante económico. David, que por aquella época aún dirigía la División Musical de la compañía, tuvo la deferencia de no cobrarle el favor. A partir de entonces Poborska, simplemente, le adoraba.

Se alojaron en uno de los hoteles del empresario judío. Por la mañana, temprano, salían en el yate a pescar. Regresaban al atardecer, borrachos de sol y mojitos, alegres como adolescentes. Amaral invitaba cada día a una chica distinta. Cuando empezó a cansarse de tanto amor se empeñó en viajar hasta Cuba a bordo del submarino panorámico con base en el puerto deportivo de Gran Caimán. Poborska alquiló el sumergible para él, con la tripulación completa. Nadie quiso acompañarle. Amaral zarpó solo, despidiéndose desde el puente antes de sumergirse en el Caribe.

Regresó dos días después. La travesía había discurrido sin novedad. Habían visto tiburones grandes como cachalotes y un pulpo gigante que a punto estuvo de atraparlos con sus tentáculos de color rosa. Contó que había saludado a su amigo Fidel Castro, y que, en el calor de la charla, le había ofrecido un concierto de Michael Jackson para el aniversario de la Revolución. Recibirían respuesta.

Siguieron días tranquilos. Una noche, justo después de recibir una llamada de Los Ángeles, Poborska convocó a Amaral y le hizo entrega de un breve documento donde se estipulaban, resumidas, las principales cláusulas del show del milenio: fecha, lugar, presupuesto y plazos de ejecución del mismo. Amaral firmó las copias y besó las mejillas del viejo.

David J. buceó, practicó surf, probó la langosta del país en todas sus salsas y, como complemento a sus actividades de ocio, abrió una cuenta opaca para ingresar en aquel paraíso artificial el primer plazo de la campaña de Embún.

Los reporteros regresaron a las pocas fechas. Llevaban mochilas, máquinas fotográficas, grabadoras, pequeños cuadernos en los que iban registrando datos, diálogos, descripciones. Singra llegó a preguntarme si en algún despacho de *El Comercial* se ocultaba un dossier suyo.

—No vayan a molestarse por nosotros —repetía Quintín Racaj, con su voz de pájaro.

David los sorprendió interrogando al matrimonio filipino, a la cocinera gallega, tirando de la lengua a los operadores y cámaras que trataba de exprimir esencias mediáticas a las limitaciones escénicas de Jesús Embún.

Singra había aleccionado al «senador» sobre cuanto le estaba permitido declarar, advirtiéndole de riesgos y peligros, y prohibiéndole improvisar. Ahora ordenó a Natalia evitar el contacto con la prensa. En el fondo esa medida tendía a preservarle a él, a ambos, pero el «senador» no podía adivinarlo.

Según avanzaba la campaña, Embún iba reteniendo argumentarios, ideas-fuerza. Pero no comprendía la necesidad ni el sentido del Derecho. Ignoraba la Constitución. Confundía el interés público con el privado.

Singra daba por supuesto que en cualquier momento se divulgaría su negativa a dirigir la campaña de Feyto. Desde el exterior, esa decisión sólo podía interpretarse como una apuesta ciega por el dinero de Embún. «O por la mujer del candidato», pensó después de que la cabeza de Natalia se hubiese hundido en la almohada, junto a la suya, mientras el perro ladraba persiguiendo liebres por Barranco de Lobos.

Al asesor llegó a divertirle esa etapa mezquina e intensa de su vida. Satisfecho con los vídeos, en especial con el de Iris, comprobó que las sesiones fotográficas a base de filtros y trucos deparaban alentadores resultados. Un Embún más humano miraba a los ojos del elector proponiéndole opciones de futuro. Demagógicas reformas sociales procedentes de naufragios de la izquierda se amasaban con la arcilla que Singra debía modelar: un candidato forjado en la superación, con recursos para alzar su propia bandera. Un triunfador. Un hombre libre, independiente.

Paraban a mediodía. El «senador» (ya todo el mundo le llamaba así) aprovechaba el almuerzo para despachar con los gestores y abogados de su holding. Floría solía presentarse conduciendo un Jaguar o una niquelada Harley.

Singra odiaba su cabello blanco, sus pajaritas, las manos que habían pulsado la piel salada de Natalia.

28

¿Cuántos días llevaba Poborska en el valle de Jackson? Al tomar tierra en el aeropuerto de la ciudad había advertido que limitaría su estancia a cuarenta y ocho horas, pero desde hacía una semana ocupaba la suite presidencial del Hotel Casino. Amaral había ordenado al servicio que le deparase el trato de un emperador africano.

El magnate parecía encontrarse a gusto en España. Cada mañana jugaba al golf en el Campo del Sur. Algunas noches, a bordo de su avión privado, volaron hasta Ibiza para cenar con George Díaz, o rumbo a Marbella, donde les abrían sus casas actores y productores millonarios.

Alba e Irina habían iniciado una íntima relación. Se tumbaban con indolencia en la piscina, compartían tratamientos en el salón de belleza. Al caer la tarde, luciendo sus conjuntos más provocativos, apostaban estrepitosas sumas contra la cuenta de Poborska.

En calidad de promotores asociados, Amaral y el judío inspeccionaban con detalle la producción. Allá, en el valle, cubiertos de polvo, Antonio Elhombre y los muchachos de World Concert faenaban de sol a sol. Protegiéndose con pañuelos o viseras de la árida brisa sahariana, bajo las aladas sombras de buitres y quebrantahuesos acumulaban horas supervisando el complejo sistema de cerramientos, la red sanitaria, los grupos electrógenos, diseñando la zona vip y las cabinas de prensa. Poborska no cesaba de repetir que los dos escenarios de la gira mundial, concebidos para estadios de cincuenta mil almas, resultarían ridículos frente a la solemne magnitud de aquella naturaleza grandiosa. Insistía en construir uno nuevo.

—No puedo asumir más gastos, Oskar —imploraba Amaral.

El judío no se rendía. Adiestrado por sus consignas, Collins entonaba similares lamentos en el bungalow de Elhombre. El lugarteniente de Búfalo había calculado en trescientos mil dólares el coste de aquel nuevo elemento. Estimaba que, si bien un gigantesco escenario superaría cualquier estética imaginable, arriesgaban tales pérdidas que un fracaso haría tambalearse a la propia compañía. Para diluir su resistencia, Poborska ofreció un porcentaje sobre derechos de televisión. Comunicó a su socio que, según sus últimas noticias, Michael quería grabar en el desierto una parada militar, y tal vez adquirir los derechos de algunos efectos especiales. Incluso («¡Espléndida noticia, Amaral!», incidió con entusiasmo el judío) estaba componiendo un tema especial para el show español.

—Hermoso detalle —asentía, taciturno, Amaral.

Collins y Antonio Elhombre eran los únicos en mantener cierto sentido de la realidad. Como director de programación, Elhombre había asistido al último consejo de Búfalo, donde Amaral, tras las críticas del grupo conservador de accionistas, logró, pese a la oposición de Hugo Plantagenet, aprobar el proyecto Jackson por un voto de diferencia. Su voto. Desde entonces, el equipo de producción, abocado a una dinámica de tiempo completo, funcionaba a base de anfetaminas y café.

Uno de los hombres de Poborska, John Lake, el intendente, estaba causando serios problemas con obreros jóvenes, a los que se insinuaba francamente. Collins le apodaba *Lady Lake*. Se veían obligados a soportarlo por imposición de Nagen, a quien, desde la distancia, Lady Lake informaba con puntualidad sobre cuanto acaecía en el valle.

Según transcurrían aquellas frenéticas fechas, Amaral iba acumulando tensión. Había empeñado su palabra ante el consejo prometiendo presentar en breve plazo un contrato definitivo, pero el documento, en proceso de revisión en algún bufete de Los Ángeles, no llegaba nunca. Para justificar la demora, Poborska se refería a la dimensión de un evento único cuya complejidad debería tener fiel reflejo en sus soportes jurídicos. Cuanto habían firmado hasta la fecha, el compromiso de Islas Caimán, no era más que un precontrato de diez líneas que apenas decía nada. En las fases depresivas de su ciclotimia, Amaral lo leía una y otra vez. Sabía que ante un tribunal aquel borrador valdría tanto como el periódico del día anterior.

—Los papeles son cosa de los abogados —le repetía Collins sin conceder mayor importancia al asunto.

Tragándose el orgullo, Amaral envió un respetuoso fax a Los Ángeles. El director de la asesoría jurídica de World Concert repuso que uno de sus letrados trasladaría el contrato para su firma. A la hora señalada Amaral destacó un chófer al aeropuerto. Curiosamente, el abogado se llamaba Jackson.

—Peter —sonrió, estrechándole la mano al llegar al hotel—. Recuerdos del señor Nagen. Siente un gran afecto hacia usted.

Peter Jackson era un mulato de color tinto. Amaral no osó preguntar si le unían con Michael lazos de sangre. El convenio del que era portador se extendía a ciento cuarenta y cinco folios mecanografiados a un espacio. Amaral pasó páginas leyendo al azar párrafos de suspensión por causa mayor, toques de queda, atentados terroristas, proyección de aerolitos desde la bóveda celeste, etcétera; aturdido, ordenó a Elhombre:

—Deja lo que estés haciendo y negocia a cara de perro.

—Pero la producción...

—Vanessa se encargará de la producción —le interrumpió Amaral con un napoleónico ademán del repertorio que venía adoptando desde que comandaba operaciones en el desierto.

Elhombre se encerró en su bungalow con tabletas de anfetaminas, termos de café puro y el contrato de Michael Jackson. El otro Jackson, Peter, esperaba en la clínica de talasoterapia, bebiendo cócteles al borde de la piscina o practicando pesas en el gimnasio. Elhombre redactó un borrador de veinticinco páginas sustanciando el presupuesto definitivo, adjudicando a cada sociedad sus correspondientes primas de seguros e incrementando en varios puntos los derechos audiovisuales ofrecidos por Poborska. Jackson (Peter) puso el grito en el cielo. Nagen advirtió por fax que Jackson (Michael) amenazaba con la cancelación inmediata. George Díaz llamó a Amaral exigiéndole humildad. Poborska, en cambio, tuvo un rasgo de tolerancia y medió. World Concert cedió en los bares y las ventas publicitarias. Jackson (Peter) reservó habitación en el Casino por plazo indefinido. Para redondear su pírrica victoria, Elhombre siguió trabajando en los contratos de arrendamiento de bares, cámpings, carpas, restaurantes, máquinas tragaperras y una larga serie de instalaciones.

Mientras el lugarteniente de Búfalo libraba la batalla legal, su jefe hipotecaba su chalet de la playa para hacer frente a los pagos de diciembre. Vanessa Bocángel se había desplazado al desierto, a los bungalows con aire acondicionado que Elhombre compartía con Collins y Lake. A marchas forzadas diseñaban un escenario descomunal, casi tan alto como la mitad del cerro, con una gran pasarela en forma de lengua que se deslizaría entre el público. Para que sus inmensas tallas se recortasen como ídolos contra el firmamento, las estatuas de dioses, faraones y césares se cimentarían sobre la cumbre y los taludes laterales, cuya roja arcilla serviría de telón de fondo. Al otro lado de la montaña se instalarían camerinos, barracones, el helipuerto, un polvorín, la sala de videojuegos para amenizar la espera del séquito de Michael, y probablemente del propio Michael.

La incorporación de Boca de Ángel con sus minifaldas o shorts y sus camisetas transparentes galvanizó el ritmo de las brigadas. Imantados por aquel volcán erótico, los hombres aplanaron tierras, armaron tribunas, alzaron torres de luz y vallas para la publicidad estática.

Collins y ella mantenían una relación profesional. Para Collins, Vanessa era la chica de Nagen.

Sólo a ratos Lady Lake suponía una molestia. Con un conjunto colonial de polainas paseaba a caballo por el valle sin otra ocupación que acariciar la fusta con aire de director de cine. Entornando los ojos contra el viento del sur dedicaba sus más lúcidos momentos a admirar los torsos de los obreros que sudaban a pecho descubierto entre grúas y toros mecánicos.

A menudo estallaban morteros. El alcalde de Lascas, término municipal al que pertenecía el valle, se presentó para protestar por las cargas de dinamita. Amaral le recordó el decreto que él mismo había firmado autorizando el movimiento de tierras.

—¿Qué cree que sucederá cuando mis vecinos acudan a votar? —se lamentó el regidor—. Autoricé unas obras, no la guerra atómica.

Amaral decidió no perder tiempo con él. Metió en un sobre un taco de entradas y un talón de medio millón de pesetas que firmó al portador con un garabato.

—Aquí tiene.

—No habrá más explosiones —dijo el alcalde, maravillado por lo fácilmente que se resolvía aquel asunto.

—Sólo la del fin del mundo.

Le vio alejarse hacia el luminoso horizonte. Se alegró de ser quien era («un artista, al fin y al cabo») y de dedicarse al mundo del espectáculo. El soborno a aquel oligarca rural vino a refrendar su antiguo desprecio hacia la casta política, a la que había aprendido a aborrecer durante su período de aprendizaje junto a Hugo Plantagenet. Amaral compadeció a David J. Singra por verse obligado a ganarse el pan en ese mediocre ambiente.

Subida en uno de los toros mecánicos, Vanessa invadió su campo de visión. Llevaba una gorrita roja de Estación Búfalo. Sus muslos estaban manchados de arena. Sus pezones presionaban las estrías de su camiseta de algodón.

—Van —la llamó Amaral.

Hicieron el amor en la caseta de producción. La pared de chapa llegó a temblar con sus embestidas. «¿Se parece esto a la gloria que andas buscando?», gimió Vanessa. O tal vez habló la voz interior del manager; a veces sugería cosas así.

¿Era sólo la pasión lo que le mantenía en aquel estado radiante? Singra no habría sabido responder, pero su energía abarcaba las horas del día y en su expresión, siempre cínica, flotaba ahora el aire tibio de la felicidad.

Por la comarcal del sur, la vieja carretera que, deslizándose junto a la vía del tren, rodeaba la base militar, Natalia conducía hasta la casa del barranco. A veces, al acariciarla con prisa, ahogado en la ansiedad, el asesor aspiraba en su piel un odioso olor a mandarinas.

Soñaba con ella. Sus dudas, su escepticismo amoroso, se disolvían.

Sabía que no estaba enamorada de él, no todavía, pero la ráfaga del deseo y el delicioso temor a ser descubiertos los mantenía en una tensión que ni siquiera se relajaba cuando aprendieron a hacer el amor despacio, con la boca y con los dedos, y casi siempre con aquel ácido aroma de piel de fruta flotando entre el almizcle del sexo y el perfume de salvia y tomillo que entraba por la ventana.

Tostao los sorprendió por casualidad. Llevaba días sin saber de Singra y decidió echar un vistazo al jardín. Seguro de que no había nadie, entró en la casa. Al doblar el pasillo los vio al fondo, en el dormitorio, acostados. Dormían. Permaneció admirando a la mujer, que le pareció una diosa, y se marchó sin ruido.

La dictadura del placer les había llevado a cometer imprudencias. Habían hecho el amor en la sede de campaña, entre folletos y afiches del candidato, arrasando la mesa de juntas, aplastando los vasos de plástico con restos de la salsa rosa de los sandwiches servidos a los interventores, derribando el vídeo y la butaca desde la que Embún se ilusionaba con destrozar las encuestas que le daban un dos por ciento de intención de voto. Era Natalia quien entraba en su despacho de campaña con aquella mirada provocadora, casi obscena, quien desanudaba su corbata y, a horcajadas sobre él, con la falda arrugada y la blusa subiendo y bajando al ritmo de su respiración, lo poseía allí mismo, en la moqueta, cerca de las cajas de propaganda impresa con la cigüeña y el sol naciente del nuevo partido.

—¿Te paga bien mi marido?

—El senador es un hombre justo —asentía Singra.

Hablaban de él en clave de desprecio, pero sin ocultar un cierto respeto derivado del miedo. David no acababa de controlar los mecanismos que regían sus emociones. Esa mujer de dos caras le estaba robando el corazón a dentelladas. Una dulce esquizofrenia, una rosada locura se iba apoderando de él.

—Señoras y señores de la prensa —comenzó diciendo Amaral.

Muy pálido, resbalándole el cabello en oscuros rizos, se había situado teatralmente bajo la cúpula del Hotel Nacional, que filtraba sobre él un cono de luz litúrgica.

Ciento setenta medios habían acreditado redactores. Álgidos focos deslumbraban la sala. Poborska y Collins ocupaban la mesa forrada con un paño rojo donde la leyenda del menor de los Jackson podía leerse en letras doradas: *King of the Pop*.

—Quiero agradecer su interés por asistir a esta conferencia —dijo el promotor desde el atril; tenía vértigo y un nudo en la garganta—. Trataré de exponer las principales características del que ha sido bautizado «concierto del siglo».

«Necesito una raya», pensó Amaral, desesperado.

Su voz, simplemente, se extinguía. Hasta el último momento había dudado sobre la eficacia de la coca en un trance de esa envergadura. Sintiendo que le bajaba el mono, se arrepintió. Un gélido sudor iba aflorando a sus poros.

—Les corresponde a ustedes juzgar si será el concierto del siglo, del año o del milenio. Pero puedo asegurarles, puedo decirles... —vaciló, con una turbia mirada; extrajo aire, una especie de estertor; «¿qué iba a asegurarles, a decirles?»—. El mérito corresponde al señor Poborska, a quien, sin mayor dilación, cedo ya la palabra.

El productor de E Company demoró en asimilar el nuevo protocolo. No sólo no estaba prevista su intervención sino que, además, había insistido en no hablar. Aceptó participar en la rueda por insistencia de Amaral y porque confiaba en que la incógnita del patrocinio, según le había asegurado su socio, quedaría desvelada en ese acto informativo. Poborska había insistido: él jamás hablaba en público.

—Gracias, Oskar, por traernos a Michael. —Amaral temblaba visiblemente—. Gracias por todo.

Al turnarse en la tribuna, el judío lo fulminó. Improvisando, Poborska se refirió a la conversación que, aseguró, acababa de mantener con Jackson. La ilusión de Michael por su profético concierto español iba en aumento. Deslumbrado por los focos, Poborska no vio cómo Amaral, en lugar de sentarse, desaparecía detrás de los biombos.

El promotor recorrió un pasillo y se introdujo en un montacargas que olía a comida. Bajó al azar hasta un sótano y empujó una puerta que daba a cocinas. Una legión de pinches manipulaba canales de carne, aves. Hacía más calor que en la rueda de prensa, pero Amaral temblaba.

En una superficie de vidriocerámica el manager espió su rostro. ¿Habrían captado las cámaras esa lunática lividez? Sentía la lengua pegada al paladar; tuvo la atroz sensación de que no volvería a hablar. Pollos deshuesados exhibían junto a los calderos su repulsiva piel.

—¿Se encuentra mal? —le preguntó un marmitón.

Amaral reprimió la náusea. El síndrome de abstinencia le inspiró la paranoia de que aquellos pinches y sus ensangrentados cuchillos urdían conspiraciones contra él. Subió corriendo la escalera. Cerca ya del resplandor de la cúpula hizo una raya en el suelo. La voz de Poborska expresándose en un áspero castellano se oía como debajo del agua. Aspiró. La agorafobia se transformó en un estado lumínico. Una sensación de confianza se instaló en él. Peinó con las manos sus largos cabellos, pidió un cigarrillo a la relaciones públicas del hotel y ocupó su sitio en la mesa.

—Hasta aquí mi intervención —dijo Poborska al verle.

—Gracias, Oskar —le relevó Amaral, ocupando el atril—. A veces la fantasía es capaz de transformar la apariencia de la vida. Yo tuve una visión.

Se sentía ligero, eufórico. Comprobó que los periodistas escribían. Sonrió a las cámaras.

—Parte de esta producción se inspira en la Biblia...

«¿A quién han vendido los derechos?», gritó una voz. Amaral hizo caso omiso y, auxiliándose con unos planos, comenzó a exponer la producción escénica.

—Quiero expresar mi agradecimiento a World Concert, a E Company, en la persona del señor Poborska, y por supuesto trasladar mi gratitud a quien sin duda, aunque no se encuentre hoy entre nosotros, es el rey del espectáculo...

«¡Los derechos de televisión!», repitió el mismo periodista; fue acallado, con un siseo, por sus propios compañeros.

Amaral continuó con su mejor sonrisa.

—Mi más sincero agradecimiento a uno de los pocos artistas capaces de afrontar con éxito este reto, al Rey del Pop, Michael Jackson. Gracias, Michael.

Se apagó la luz. Descendió una pantalla. Durante tres minutos Jackson cantó y bailó. Después su imagen se llenó de copos.

Retornó la iluminación ambiental. El promotor, que había permanecido en el atril, regresó a la mesa entre el rumor de los flashes.

Amaral distinguió en la última fila a David J. Singra. Embún estaba junto a él, entre los periodistas, concentrado en pelar lo que parecía una rugosa mandarina. Aprovechando que Poborska procedía a responder una cuestión sobre los costes de la gira, Amaral y Singra intercambiaron una seña.

Amaral tuvo un vacío. Su película existencial transcurrió en un segundo fugaz. Las palizas de Amador en los callejones del barrio. James Brown con sus diablos azules. Spandau Ballet, David J. Singra. Faltaba un gran final, pensó.

—Más preguntas —murmuró, saturando el micro, cuando hubo respondido el magnate.

—¿Algún sponsor?

—Como no ignoran ustedes, World History Tour viene avalada por una multinacional americana.

—Me refería a algún sponsor local —insistió aquella voz, cuyo dueño no se distinguía desde la mesa entre el enjambre de reporteros. Era Ruso, de la revista *Elite*, un redactor en la nómina de Amaral.

—Detrás de usted —sonrió el manager—. Nuestro primer empresario. El señor Embún.

Una nube de cámaras rodeó al candidato. David J. Singra se hizo cargo de la situación. Habló al oído de Embún. En pie, protegiéndose de los flashes con amplias sonrisas, el «senador» agitó la cabeza y las manos.

Amaral se abrió paso entre los fotógrafos. David se retiró para que los inmortalizaran a ambos. Desde la mesa, con el cabello a lo Einstein, Oskar Poborska mostraba al sonreír sus torcidos dientes.

En medio del tumulto sonó el móvil de Amaral.

—¿Aló? ¡Ivo! Es Nagen, la niñera de Michael —susurró a Embún—. Todo va bien, Ivo. Estamos en rueda de prensa con Poborska y nuestro patrocinador. Has oído bien. ¡El senador Embún!

—gritó. Frente a los periodistas alzó el brazo del candidato, que hizo el símbolo de victoria.

Arreciaron los flashes. Discretamente, Singra ordenó a las azafatas que repartieran el programa electoral.

Amaral volvió a hablar al oído de Embún.

—Espero que sepa disculparme. Llámeme. Trabajaré para usted.

El candidato no acertó a replicar. La presión de los medios le obligó a improvisar unas declaraciones. En cuanto percibió que las preguntas tomaban un giro comprometido, Singra lo sacó de allí.

Salieron a la calle.

—¿Qué demonios ha pasado, D. J.? —se crispó Embún.

—Ese Amaral no está jugando limpio, senador. Lo siento, créame. Es amigo, pero no podía imaginar. Le juro que... Tengo su móvil. Le llamaré ahora mismo.

Un autobús estuvo a punto de arrollarlos.

El asesor marcó la línea de Amaral.

—Tengo delante al senador, Víctor Manuel. ¿No te gusta que te llamen así? ¿Cómo quieres que te llame, pedazo de cabrón? Mañana, a las doce, en la sede de campaña. Exigiré una explicación y una disculpa.

La risa de Amaral sonó a provocación.

—¿Jugamos al tenis después de la entrevista con tu senador?

Como cuartel general, Singra había alquilado una céntrica sede en la que trabajaban informáticos, interventores y otros especialistas electorales. Tostao se encargaba de abrir el correo, servir cafés y vigilar el inmueble. Los periódicos del día traían imágenes de Jackson. Embún y Amaral aparecían en algunas fotos. *El Siglo*, un modesto periódico del que Singra poseía acciones, hablaba de una candidatura «de esperanza».

—Ese Amaral —decía el candidato mientras pelaba una mandarina—. ¿Se ha creído un profeta?

—Déjeme actuar —aconsejó Singra.

El manager se presentó con las pupilas dilatadas y un macilento tono de piel. Su ropa oscura de Armani hacía destacar los grises mechones de la barba. David pensó que, como esos rockeros que regresan avalados sólo ya por su leyenda, estaba envejeciendo mal. Un brillo hostil animaba su mirada mestiza.

—«Vota imaginación» —leyó Amaral en un póster—. «Vota eficacia.» ¿Mayo del 68 con unas gotas de neoliberalismo? Le deseo mucha suerte, señor Embún.

Una bandera nacional y otra de la ciudad, con la serpiente enroscada a la torre mudéjar, flanqueaban al candidato. El mimbre lleno de mandarinas aportaba un aire anómalo, de bodegón, a la sala de juntas.

—No sé si darle las gracias o ponerle una querella —dijo Embún.

—Has arriesgado la carrera del senador —intervino Singra—. Jugado con mi prestigio y mi nombre.

—Mírenlo desde otro punto de vista. El señor Embún copa primeras planas. ¿Cuánto vale tan súbita notoriedad?

—Mi campaña nada tiene que ver con su negro de color mantequilla —se sublevó Embún—. El elector quiere opciones políticas, no entradas para un circo.

—Usted ignora el influjo de la música. ¿Quién quiere que le vote? ¿El obrero, que ve en usted a un fascista? ¿La clase media, que envidia su riqueza? ¿Los jóvenes, cuyo idioma ignora? No dudo que mi buen amigo Singra ha diseñado para usted una campaña atractiva. «Vota imaginación»... ¿Qué puede superar en fantasía al show del fin del mundo? En la noche del 31 de diciembre, senador, a muy pocos días de las elecciones, nuestro estéril desierto concentrará miles de personas procedentes de todo el país, de medio mundo. Enamorados de la naturaleza, seducidos por la música y, por qué no, por usted...

—No sé cantar —dijo Embún sin que los promotores supieran si bromeaba o no.

—¿Quiere intentarlo? ¿Quiere cantar *Heal the world* con Michael Jackson?

—No tenemos todo el día —apremió Singra.

—Mi oferta es muy simple —declamó Amaral engolando la voz como un actor—. A partir de ahora el señor Embún y su partido se presentarán como patrocinadores del concierto. Nadie se opondrá a que el candidato, cuando sea requerido por la opinión, que lo será con frecuencia, seguramente a diario, califique el evento como buque insignia del espíritu, del impulso con que piensa dotar a la ciudad.

—A la región —extendió Embún—. A la nación.

—Son elecciones generales, claro está. Busque en el supermercado del marketing. Le reto a encontrar algo parecido.

—Señale la cifra —se impacientó Embún.

—Les voy a hacer un regalo. Veinticinco millones.

El empresario cogió una mandarina y la frotó en la manga.

—Excede la cantidad que pensaba destinar al conjunto de mi campaña —mintió.

—El senador recibirá a Jackson en el aeropuerto —dijo Singra—. Será el único político en fotografiarse con él.

Amaral asintió.

—Imágenes del concierto ilustrarán nuestro fin de campaña.

—Tendré que consultar con los abogados de World Concert. Si la respuesta es afirmativa, la mitad ahora y el resto la noche de la actuación.

Una secretaria atravesó la sala de juntas. Su chaqueta llevaba bordado el logo de la candidatura, una cigüeña elevando el vuelo sobre el sol naciente.

—Disculpen. Llaman de televisión, señor Singra. Solicitan una entrevista con el señor Embún. A lo largo del día, si es posible.

—Pase la llamada.

Mientras Singra negociaba, Amaral hizo un aparte con el candidato.

—Trabajé en la División Política de Estación Búfalo, señor Embún. Le aseguro que sé dónde hay madera. Usted tiene carisma. Infunde autoridad, respeto. Pero su imagen es dura. Acérquese a la gente. Tiéndales la mano. Confíe en ellos; ellos creerán en usted. A Michael los jóvenes le veneran como a un dios. Con su ayuda será usted invencible.

En la calle, Amaral sintió escalofríos. Miró con aprensión los magnolios, cuyas hojas se agitaban a impulsos del viento. El cielo se tornaba plomizo.

A partir de su acuerdo con Embún, Amaral fatigó las principales ciudades del país. El candidato compartió con él algunas ruedas de prensa. A la redacción de *El Comercial* vinieron con Antonio Elhombre. El director no les quiso recibir. Pasaron a mi despacho. Pregunté a Embún si había leído a Miller o a Anaïs Nin; la respuesta fue un espeso silencio. Estuvimos comentando el concierto del siglo. Embún habló poco. Al marcharse dejó un aroma a frutas amargas, esencias del desasosiego que le devoraba por dentro.

Poborska los presentó en París, donde coincidieron con Ivo Nagen. Amaral se pasó con las copas. Tuvo que ser atendido en un hospital de un principio de neumonía. Regresaron con una unidad de vigilancia a bordo del jet privado.

El productor judío no tenía la menor prisa por abandonar España. Se había aclimatado a los lujos del Casino, en cuya sala llevaba perdidos varios millones de pesetas. Estaba pendiente de Amaral.

Inquieto, decía, por la salud de su socio. Cuando no volaban de ciudad en ciudad, haciendo promoción, inspeccionaban juntos las obras del desierto.

Un fin de semana visitaron la mansión de Poborska en Túnez. Allá, en Hammamet, mientras el dueño se acostaba con Irina y con Alba Romero, dejaron que Amaral se perdiese por las medinas fumando cigarrillos de hachís. La policía tunecina le encontró inconsciente en los aledaños de un bazar. Le habían robado el dinero y las tarjetas de crédito. No recordaba nada, ni su propio nombre. Poborska tuvo que pagar una estimable cantidad para que los agentes renunciasen a registrar la casa. Todos sospecharon que Amaral había consumido heroína, pero él se encerró en un mutismo total. A la mañana siguiente, como un niño grande, como si nada hubiera pasado, se desnudó en la piscina y, tomando el sol, se puso a jugar con sus caleidoscopios y horóscopos, absorto en la adivinación del destino, de lo que le quedaba por vivir.

29

El general Ernesto Cavallería, jefe de la Región Militar, se extrañó al recibir la llamada de Embún. Eran viejos conocidos, pero hacía tiempo que no se veían. El alto mando había leído la entrevista que *El Comercial* había dedicado a su antiguo amigo. Fiel a su costumbre de vacunarse contra la clase política, categoría a la que, sospechaba, estaba por acceder Embún, le había escrito una tarjeta felicitándole por su lúdico análisis sobre los males de la patria.

Al ponerse al teléfono suponía que Embún le llamaba para agradecerle el gesto. Sin embargo, el empresario ni siquiera aludió a su amable carta. Después de unas breves frases de convencional cortesía le citó en el Hotel Casino. Dijo que se trataba de «una cuestión de Estado».

Cuando el automóvil blindado del Gobierno Militar comenzaba a perderse por las curvas del desierto, el general se preguntó la razón de la llamada. Esa misma tarde tenía que presidir un acto castrense. El Casino quedaba lejos, a una hora de la ciudad. Polígonos de tiro y áreas de maniobras rodeaban los páramos. Las estelas de los cazas dibujaban limpias heridas en el cielo.

Eran las tres cuando se sentaron a la mesa. Embún hizo las presentaciones. Víctor Amaral y

David J. Singra. El magnate Oskar Poborska. «Mi apellido es de origen judío», se solidarizó Cavallería. Su mujer, Irina.

Durante la comida al aire libre uno de aquellos promotores, Amaral, vestido por completo de negro, con un colgante tibetano asomando bajo la camisa, no dejó de levantarse con distintas excusas. Su móvil sonó tantas veces que, ante la mirada reprensiva de Embún, acabó desconectándolo. Al otro promotor, Singra, lo juzgó el general con mayor benevolencia; le sonaba de un programa de televisión. En cuanto a la esposa del millonario judío, hacía años que Cavallería no tenía ocasión de conversar con una mujer tan sensual.

Con los orujos, el militar, a instancia de Embún, que desarrollaba los principios de una reforma castrense, aceptó excusar su presencia en el protocolo previsto.

Un sol de otoño irisaba el desierto con tonalidades que a Cavallería, cuando atacaban la segunda botella, le hicieron rememorar su juventud africana en el Tercio.

Sirvieron más licor. Irina pidió permiso para bañarse con otra mujer. Una chica andrógina que al general también le sonó de la tele. Los bikinis de ambas eran tan diminutos que el escolta del general, apostado en un ángulo del jardín, entre plantas tropicales, se había empalmado y disimulaba con las manos en los bolsillos.

—¿Sabe, mi führer? —dijo Poborska, tan parecido a Woody Allen, con aquel acento magiar que lo convertía en una especie de muñeco animado—.

Sus opiniones son altamente cabales. Tengo amigos en el Pentágono. Quizá le agradaría conocer aquella atmósfera.

—Me encuentro muy a gusto entre ustedes —se desvió Cavallería aflojando el nudo de su corbata de respeto mientras miraba con disimulo los cuerpos de las mujeres; entre las cascadas, Alba e Irina jugaban a darse ahogadillas—. Hemos sufrido una semana atroz.

Se refería a la voladura, por parte de terroristas, de un acuartelamiento de la Guardia Civil. Aún planeaba el eco de los muertos. Una niña aferrada a su muñeca, entre los escombros, había sido portada.

—Relájese —le aconsejó Poborska.

Fue al volver de su último desplazamiento a los lavabos cuando Amaral expuso el asunto para el que, dedujo el general, le habían convocado. La gloria, dijo el manager, estaba aguardándoles un poco más allá, oculta en las dunas y cerros del desierto. ¿Sabía el general que aquella latitud era origen de los pueblos más antiguos de Europa? Viejas culturas de la piedra y del fuego. Dinosaurios. Petroglifos.

—Hace millones de años los quebrantahuesos aprendieron a romper los huevos de los dinosaurios. Michael se muestra entusiasmado con esta historia.

—Jackson, el de los dobles —aclaró Embún, y procedió a mondar una de las mandarinas que había encargado de postre.

—Una hija mía ha empapelado su habitación de pósters —dijo el general.

—¿Le gustaría subir al escenario? —propuso Amaral.

—Por todos los santos, no podrá creerlo.

Amaral basó su nueva intervención en desarrollar una secuencia de la hija del general cantando *Heal the World* con el hijo de Poborska y los vástagos de políticos famosos, como Embún, y otros magnates del rock, las discográficas, las cadenas de televisión. ¿Sabía el general cuántos medios de comunicación habían solicitado acreditación para el concierto de la nueva era?

—Trescientos cuarenta —se repuso a sí mismo el manager—. Alcanzaremos los quinientos. ¿Imaginan la batería de cámaras?

A Poborska el licor le soltaba la lengua. En tono fraterno el magnate espigó una selección de sus anécdotas con Michael. Embún participó al general que, para incidir en la promoción de la ciudad, su candidatura había decidido patrocinar el evento.

Cavallería lo estaba pasando divinamente con aquella serie de extravagancias, y muy en particular recreándose con las dos chicas que practicaban top-less junto al trampolín, pero seguía ignorando la razón de su presencia. David pudo leerle el pensamiento porque dijo:

—Hay algo que puede hacer por nosotros, señor.

—Le escucho.

—¿Otro vaso? —ofreció Amaral.

Cavallería aceptó. «Trasiega como un legionario», pensó Singra antes de comentar:

—Verá, general. Sería definitivo para el proyecto, y trascendente para la ciudad, que el Ejército colaborase en este acontecimiento cultural.

El militar se acarició el bigote.

—Al margen de la gira mundial y su aparato publicitario, y de la circunstancia de que nuestro acto sea único en su género, e irrepetible, pienso que deberíamos exprimir su difusión. La BBC cerró un informativo la semana pasada.

El general asimiló el dato.

—La grabación de un vídeo que el artista utilizaría en su campaña supondría nuestra consagración como sede internacional de grandes espectáculos. Los productores de Jackson proponen incluir planos de tropas de élite evolucionando en el desierto. La imagen de nuestras fuerzas armadas quedará en todo momento a salvo.

—¿Tropas de élite?

—Es una hipótesis de trabajo. Resultarían operativas unas cuantas compañías.

Ernesto Cavallería distrajo su atención hacia la piscina. Cerca del trampolín, cuya sombra atravesaba sus cuerpos, Alba Romero aplicaba protección solar en la espalda de Irina Poborska. Se había arrodillado a su lado, los pechos erguidos como los de una estatua, para extender el ungüento. Amaral colmó el vaso del invitado.

—Deberé consultar al Estado Mayor.

—En su lugar yo haría lo mismo —se apresuró a opinar Singra.

Amaral intentó emular el sentido estratégico de mi antiguo reportero:

—Tal vez, señor, le agradaría reconocer el teatro de operaciones.

—Podemos organizar un picnic —sugirió Poborska—. Hágalo por mí, general. Será la única manera de evitarme un nuevo desastre en el Casino. Esas dos serpientes en forma de mujer se han propuesto arruinarme en la ruleta. ¿Dispone de la tarde, mi führer?

—Estoy a sus órdenes.

—Llamad a las chicas y preparad unas cestas —dispuso el judío—. Será como salir de maniobras. ¿Sabe, general? Para Michael supondrá un honor conocerle. Le atraen los héroes. Le obsesionan, diría yo.

30

Aunque no había cedido a la tentación de publicar una sola línea, Quintín Racaj poseía abundante información sobre la campaña electoral y las actividades financieras de Jesús Embún. Había investigado a su director de imagen, a sus abogados y a ciertos personajes con quienes Embún se reunía en el Hotel Nacional y en otros restaurantes de la ciudad.

Desde hacía algunas fechas, sin que supiera la causa, pues no les ataban lazos de amistad ni otros compromisos, un hombre del Gobierno, un funcionario de Justicia con quien Racaj había trabajado en alguna oportunidad, le suministraba datos, pistas.

El dossier ocupaba varias estanterías de su despacho. Incluía documentos esenciales, declaraciones de renta, fotografías en las que se veía a Embún saludando a narcos. Quintín nunca olvidaba cerrar la oficina de transmisiones, pero los días festivos, por las mañanas, cuando la sala estaba vacía, cualquier redactor, con la excusa de acceder a teletipos, podía requerir del conserje la llave maestra. Racaj sospechaba de César Ruana, a quien había sorprendido alguna vez merodeando por allí.

—Te estás volviendo paranoico —decía Cristina, su fotógrafo.

Racaj tenía fijación con aquel asunto. El necrófilo Risco le encomendaba otras tareas que iba cumpliendo de oficio; pero en cuanto se liberaba de las faenas rutinarias se sumergía de nuevo en el caso Embún.

Cristina insistía en llevarle de bares, presentarle amigas. Un amanecer, perdidos en algún antro del barrio judío, ella había intentado besarle. Él la contuvo. ¿Era una pastilla blanca lo que llevaba pegado a la lengua? Tuvo que sacarla a rastras de un lavabo. Cristina conocía a Iris, la hija de Embún. Habían estudiado juntas en un instituto.

Quintín me contaba esas cosas fríamente, sin que fuera posible deducir nada de su muerta mirada de pájaro.

De los hábitos de Embún asombraba a Racaj aquella pintoresca costumbre de mondar mandarinas. En unas cuantas fotos aparecía pelando las frutas con una sola mano. Esa rara habilidad acentuaba su aire simiesco. Mirando esas imágenes no se me ocurrió que el hombre descendiera del mono; pensé: somos una clase de monos.

Noche a noche, en la calma de la redacción, cuando los reporteros habían abandonado el periódico, Racaj revisaba sus notas tratando de acorralar a aquel hombre que fatigaba su mente. No podía comprender por qué alguien que era propietario de edificios y de los terrenos colindantes del Campo del Sur, que figuraba en la nómina de millonarios oficiales del país, necesitaba introducirse en círculos como la política o el narcotráfico.

Quintín llevaba meses investigando la trama de corrupción policial, pero yo sabía que no comenzaría a redactar hasta creerse en posesión de la verdad absoluta. Ajeno a todo, extendía en la mesa los cuadernos con las declaraciones del sargento Bravo y otros policías y fuentes, como su chivato particular del Ministerio de Justicia, transcribía nuevas cintas, repasaba cada documento, cada entrevista. Estudiaba cada detalle y luego comía cualquier cosa en los alrededores del periódico, para regresar y encerrarse en su habitáculo sin hablar con nadie.

Cuando la próstata me concedía un descanso y sentía la necesidad de fumar una pipa con Risco o los jóvenes reporteros que se avenían a contarme historias de desenfreno y pasión, iba a redacción y lo veía tras el cristal de su oficina, imperturbable, centrado en sus pruebas, analizando sus papeles a corta distancia, con las gafas empañadas de sudor.

Cristina le gustaba, pero era tímido.

La convocatoria del director le sorprendió mirando la única foto en que se les veía a los dos. Cristina la había tomado con el disparador automático mientras hacían guardia frente a la casa de masajes. Ella pasaba una mano sobre su hombro, pero él no se atrevía a rodear su cintura.

Debía de ser la primera vez que un simple reportero de casos era llamado al despacho de dirección, una sala enorme, forrada de roble, tan antigua como la cabecera del periódico.

Imágenes del fundador se alternaban en las paredes con estampas de la guerra y capítulos destacados de la historia de la ciudad. Las rendijas de las persianas cerradas filtraban una luz amarilla. Olía a barniz y a tabaco inglés.

El director le hizo pasar con seca amabilidad. Su traje oscuro realzaba su palidez. A modo de prólogo habló del Rey, con quien le unía una cierta amistad. Luego permitió que el redactor jefe centrase la reunión. Racaj debió entender que después de ese sondeo no habría ningún otro, que su reportaje dependía de su capacidad de respuesta. Cuando el director tanteó la fortaleza de sus fuentes se mostró seguro. Se refirió al sargento Bravo y al funcionario de Justicia, sus gargantas profundas; mostró documentos, fotos.

—Sabemos que Singra dirige la campaña de Embún —dijo el redactor jefe—, pero ¿qué es esa historia del fin del mundo en technicolor?

Una operación de imagen, explicó Racaj, algo así como un gigantesco espectáculo audiovisual. «Parece que Embún y su director de campaña han llegado a un acuerdo con Amaral para patrocinar la actuación», agregó.

El director no conocía a Amaral.

—Un visionario —informó el redactor jefe—. Cocainómano. Antonio Elhombre trabaja para él. Pensamos que Tony está limpio.

—El padre de Embún dirigía una fundición al otro lado del río —dijo de pronto el director, evocando recuerdos a través del espacio vacío en el que flotaba el polvo—. Era republicano. Dijeron que le habían matado en el frente del Ebro, pero logró huir a Francia. Debió de morir en el exilio.

Hizo una pausa para buscar un cigarrillo. No encontraba el paquete. El redactor jefe se apresuró a ofrecerle el suyo.

—Ni mis hermanos ni yo, que éramos muy críos, llegamos a tratar a su esposa. Pienso que también murió. Años después nuestro padre, en este mismo despacho, me contó que, antes de casarse con el viejo Embún, esa mujer cantaba boleros en el Royal Concert, un cabaret de la época. Mi padre la tuvo desnuda en las rodillas al terminar un número en que surgía desnuda de una tarta de cumpleaños. Después de la guerra los Embún vendieron la fundición. En la quinta que habitaban se instaló un colegio. Que yo sepa, la familia jamás regresó. Un día el hijo, con veinte años, estuvo aquí, en el periódico, para pedir trabajo. Era igual que su padre, el mismo aire de audacia y brutalidad. Debía de correr el sesenta y cinco.

—El sesenta y seis —corregí.

—El sesenta y seis —aceptó el director—. Desde entonces, aunque nadie sepa cómo, ha prosperado.

Aspiró humo y entrecerró los ojos.

—Redacte ese reportaje, Racaj. Lo publicaré en cuanto haya estudiado sus riesgos con nuestros asesores legales. Ya puede marcharse. Tenga cuidado con esa gente. Los Embún nunca fueron trigo limpio.

31

Desde los primeros mítines democráticos no se utilizaba la plaza de toros como foro político. Singra había decidido irrumpir en la campaña por la puerta grande. El coso tenía capacidad para catorce mil espectadores. A fin de atraer un público joven se habían anunciado actuaciones gratuitas y, como primicia, a través del programa de música ligera que la promotora de Amaral poseía en una emisora de gran audiencia, la presentación del último vídeo de Jackson.

El maratón musical comenzó a las siete de la tarde. Dos horas después subía al escenario Alba Romero. Se había dejado crecer el cabello, pero ni siquiera ese recurso alcanzaba a suavizar su apariencia andrógina. La presentó Amaral. El promotor fue recibido con aplausos en reconocimiento a sus desvelos por traer a Jackson.

La plaza se fue llenando. A eso de las diez Amaral, bastante pasado, anunció el videoclip. En pantalla apareció un sol naciente. La sombra de un gran pájaro dio paso a un océano de arena sobre el que formaba un ejército. El público reconoció los uniformes, las banderas.

Michael surgió entre los soldados como un mutante.

El coso se inflamó.

Nadie sabía que el astro ni siquiera se había desplazado para grabar. El sofisticado montaje se fundió con primeros planos de niños corriendo hacia la cámara, vistas aéreas de la ciudad, el ocaso, el río, la sombra de una cigüeña agitando con lentitud sus alas y, finalmente, en un fotomontaje, intentando sonreír, el rostro de Embún con sus nuevas lentillas color esmeralda.

El escenario quedó en penumbra. Un foco iluminó a un hombre alto, de cuerpo elástico, dueño de una voz magnética. David J. Singra. Al mover las manos como un hipnotizador parecía acariciar el corazón de la brisa. Dijo que estaban allí quienes debían rebelarse contra los intereses creados, contra el secuestro de la democracia por los partidos y sus aparatos censores; quienes creían en las ciudades griegas.

Con derroche de adjetivos, David J. Singra presentó al candidato.

Todos los cañones iluminaron el túnel. Los fotógrafos trepaban por las torres de mecanotubo. Bajo una descarga de decibelios salió a escena Jesús Embún. Vestía un traje arena como el del presentador y camisa azul sin corbata. Estaba moreno y más delgado, pero un enviado especial observó, y la alegoría iba a ilustrar varias crónicas, que ese rostro picado de viruela recordaba al de Abdalá Bucaram, el depuesto presidente de Ecuador.

Embún habló sin vuelo. Apenas había emprendido su ensayado discurso se aceleró y ya no supo acompasar la respiración. Citando en falso a Churchill, cuyo nombre pronunció mal, terminó como pudo, sin arrancar otros aplausos que los de la gente pagada para ello.

Mientras Amaral, ciego de tiros, subía de nuevo al escenario y se animaba a cantar un tema con Alba, Singra consolaba a su pupilo en los corrales de la plaza, habilitados como backstage. «No tiene importancia —le repetía—. Quedan decenas de mítines y debates de televisión.»

Embún le apartó de un empujón y se puso a golpear un burladero con los puños cerrados. Los enfermeros de la Cruz Roja tuvieron que atenderle porque se abrió los nudillos y el traje se le estaba manchando de sangre.

Al concluir el mitin, Amaral decidió trasladarse al Casino. Se sentía deprimido por la mediocridad de Embún y agobiado por la presión a que le estaba sometiendo Hugo Plantagenet. Los consejeros de Búfalo se habían confabulado para formularle un ultimátum. Si el concierto del siglo resultaba un fracaso...

En el hotel, Amaral exigió la aplicación intensiva del programa Ejecutivos en forma. Sin alcohol, sin coca, sin pensar en Vanessa Bocángel, en Alba Romero, ni siquiera en Irina Poborska, de la que se estaba enamorando, permaneció veinticuatro horas alimentándose con biovitaminas e inyectándose un plasma porcino que le hizo meditar en los terrores de Passolini. ¿Moriría también devorado por los cerdos, aunque fuesen metafóricos cerdos?

Alquiló varias oficinas y un salón del hotel. Desde la Estación fueron trasladados sus instrumentos de trabajo: el ordenador personal, los contratos de Michael, su minigolf, las cajas de habanos que le enviaba Fidel Castro, hacia quien sentía una admiración sin límites, los caleidoscopios.

Ya relajado, dueño otra vez de una limpia energía, cerró la publicidad estática, los derechos de imagen, el alquiler de restaurantes y bares. Negoció con Embún la instalación del ídolo de Jackson en las Torres Rosadas. Perfeccionó el diseño del hongo nuclear; un gas colorante haría que el cielo se tornase de un rojo virtual; al desvanecerse, ese telón iría transparentando los colores del tiempo...

La histeria había comenzado a desbordarse. Las habitaciones del Casino estaban siendo reservadas por personalidades del mundo del espectáculo. Los hoteles de la ciudad y poblaciones próximas agotarían sus reservas. Hasta la costa no quedaría una cama libre.

La Casa Real había confirmado su presencia. El presidente deshojaba la margarita. Los oligarcas regionales se disputaban el protocolo de los palcos. Un par de «negros» iban contestando las cartas de clubs de fans...

Absorto en los detalles de la producción, Amaral ignoraba en qué hora vivía. Cada mañana, al levantarse, olvidaba su Rolex de oro en la mesilla, entre donuts integrales y tarjetas de crédito; allí, al caer rendido junto a Vanessa, lo encontraba por la noche. Dormían juntos, y algunas noches con Alba Romero, pero tan exhaustos que, por lo general, salvo un par de psicodélicas orgías a base de ácidos, sólo dormían.

El médico del hotel, experto en talasoterapia, doctor Musa, un iraní educado en Londres, vigilaba la salud del hombre que, según bromeaba Alba, estaba a punto de sustituir a Nostradamus en la cultura basura del tercer milenio. Tomaba su tensión y le recetaba píldoras y dietas para reducir sus transaminasas. Las inyecciones de plasma porcino lo mantenían en una nube. Pero cuando Ibrahim Musa se perdía de vista el promotor corría a encargar hamburguesas precocinadas y raciones dobles de patatas fritas. Si además Amaral, desesperado, necesitaba una raya, sólo debía aislarse y abrir los tubos de sus caleidoscopios. En las cápsulas guardaba una coca pura como nieve. Después de comer bebía una absenta, como su idolatrado Verlaine, para proseguir conformando facturas, firmando cheques, discutiendo con proveedores, bancos, con George Díaz, Ivo Nagen, con David J. Singra y su «senador» Embún. «¿Jugamos al tenis?», le había propuesto Singra, pero él, alegando que el quick del Casino perjudicaba su estrategia de fondo de pista, se había excusado. En realidad, temía que le diera un síncope...

A veces la mirada de Amaral se tornaba vidriosa. Sufría pasajeros estados de fuga. La hipertensión lo abandonaba en un estado de idiocia: quedaba inmóvil, sin memoria. No sabía quién era, en qué fecha vivía. No se lo había dicho a Ibrahim Musa porque temía que lo internasen, impidiéndole asistir al show. Se le ocurrió que la cámara de seguridad debía de haber grabado algunas de esas catalepsias; hizo destruir la película. Tampoco confió al médico que aquel dolor en el pecho se hacía más agudo y frecuente.

Tenía pánico a la muerte. Sobre todo, a la muerte en directo.

El desierto se estaba convirtiendo en un lunático plató. Caravanas de scaffolders y ejércitos de parados en busca de empleo temporal acampaban en las inmediaciones del Casino. Los grandes tráilers y las excavadoras habían espantado las nubes de langosta africana. El búho real no se atrevía a abandonar sus cavernas.

La oficina de producción perturbaba la tranquilidad del hotel. El director no podía oponerse a una actividad que promocionaba su establecimiento, pero sufría con el desfile de contratistas, alcaldes rurales, operarios que mancillaban con sus sandalias el exquisito gres del vestíbulo ibicenco.

Opuestos a la destrucción del hábitat, a las voladuras de dunas y su transformación en pistas de grava, grupos ecologistas habían orquestado una enérgica campaña. Naturalistas y sociedades protectoras de animales secundaron su lucha. Pancartas contra Amaral, Jackson y el candidato Embún podían leerse desde la autopista. En días de buen viento, los «verdes» planeaban con ultraligeros llamando al sabotaje. Una de sus vanguardias se encadenó a los mástiles del hotel.

Cuando no se desplazaban por el continente con el «jet» de Poborska, visitando puntos de venta y cadenas europeas de televisión, Amaral y

David J. Singra respondían golpe por golpe. Las líneas telefónicas echaban humo.

En Colonia, en los estudios de grabación de Poborska, coincidieron con Michael Jackson. Estaba presente Ivo Nagen. Eso hizo que el encuentro entre la estrella y su promotor español resultara algo tenso. La voz pueril de Jackson se interesó por la identidad y el tamaño de los ídolos. Sugirió héroes de su Olimpo particular: Nefertiti, Nostradamus, Peter Pan... «¡Nostradamus!», había exclamado con entusiasmo Amaral.

Jackson, comentaría Amaral a Elhombre, le había causado la impresión de un pequeño dios exiliado. Por algún motivo que no supo explicar le inspiró una pena infinita, como un huérfano.

Tan sólo llevaba puestas las gafas de sol que el cantante le había regalado cuando de regreso a España, en el jacuzzi del Casino, el manager sufrió una nueva crisis. Uno de sus brazos se ablandó como un trozo de carne inerte. Sintió que el corazón dejaba de latir.

Sacaron a Amaral del agua y lo envolvieron en un quimono. Los análisis dieron negativos. El doctor Musa le prohibió el alcohol y las grasas y le advirtió a propósito de las drogas. «Sólo fumo canutos, doctor», murmuró él como un alumno reprendido.

La venta de entradas había recuperado un fuerte ritmo. El candidato Embún cumplió su palabra ingresando el patrocinio económico en una cuenta de Poborska abierta en Caimán. Aunque Amaral insistía en que el «senador» no se dejase ver aún por el escenario del concierto, casi a diario Embún merodeaba por el valle con su blanco panamá, persiguiendo a las azafatas o endosando a los obreros gratuitos discursos sobre la economía del país.

En cambio, Amaral se mostraba más tolerante con las visitas de Natalia, la esposa del «senador», destinadas a darse un revolcón rápido con Singra en los discretos bungalows situados detrás de las cuadras. Aquellos amores urgentes envueltos en el fragor de la campaña tenían la virtud de relajar a David. Lejos de oponerse, Amaral estimulaba esa aventura mostrándose encantador con ella. Había prometido a Natalia que Erik y Alonso, los hijos del primer matrimonio de Embún, cantarían con Michael *Heal the World*, y que su marido y ella presidirían el concierto desde un palco vecino al de la Casa Real y al primer ministro en funciones. David no había logrado que el presidente recibiese a Embún. Gracias a Amaral confiaba resarcirse con esa imagen, antes imposible, de la tribuna.

Quizá porque intuían que los aliaba una eventual comunidad de intereses, Natalia y Amaral experimentaban mutua simpatía. Desde el primer momento compartieron el secreto lenguaje de los cómplices. David ignoraba que su colega Amaral la estaba iniciando en la coca. Íntimamente Amaral no descartaba que, cuando el show del milenio los hubiese introducido en el siglo XXI —«nuestro siglo», decía, con énfasis— derivaran su amistad a la práctica del sexo.

Singra alternaba su frenética actividad entre el Casino y la calle Mefisto, cuartel general de Embún. El candidato pasaba largas horas en la sede preparando debates y mítines. La promoción de Jackson, con su mediático reflejo, se había transformado en el principal gancho del «senador».

A menudo, Singra tomaba prestado el deportivo de Amaral para desplazarse hasta la ciudad y regresar con Natalia a bordo. Durante sus ausencias Amaral pensaba si no estarían chingando al abrigo de un soto sobre la tapicería de guepardo de su Ferrari hipotecado en diecisiete millones de pesetas.

Poseído por una fiebre erótica, Singra la necesitaba cada día. Natalia no siempre lograba burlar a Embún. Alternaban sus encuentros entre Barranco de Lobos y los bungalows del Casino, a cuya urbanización se accedía por un camino de tierra. Desde allí veían el desierto gris, los matorrales de espliego, las nubes de mariposas amarillas y, al fondo, el gigantesco escenario de Amaral.

Nunca tenían demasiado tiempo para estar juntos y por eso el sexo era esfuerzo y sudor. Ella apoyaba la nuca en su estómago para hablarle de su odio. De cómo Embún la había golpeado por negarse a follar con él. «A veces pienso en matarle», susurró una noche a su amante.

David me dijo que nunca hablaban de amor porque sabían que les estaba prohibido, porque ese término, despojado de la ansiedad de sus cuerpos, era un sonido vacío. Cada vez que la acariciaba sentía la esencia de esa mujer instalándose en la médula de su deseo.

Como en los viejos tiempos David había vuelto a tomar benzedrinas. Bebía a escondidas, compulsivamente. Hacía años que no era tan feliz. Desde sus campañas con Rebeca no se dejaba emborrachar por un cóctel de sexo y poder. Empezaba a extraviar el sentido de la realidad, pero en la campaña su cerebro funcionaba con fría precisión. Vivía en una cumbre de sensaciones e intrigas.

Hacia Embún sentía más temor que desdén.

Con sus camisas de patrón de yate y sus trajes de lino, el candidato recorría la región prometiendo aeródromos, casas del pueblo, cuantas demandas sus delegados sectoriales habían recopilado de norte a sur del territorio. Tras su fracaso en la plaza de toros se había propuesto recuperar la dignidad. Hablando era triste, didáctico. Emanaba una trascendencia de maestro rural. Furgonetas con su fotografía —«Vota imaginación»; «Vota eficacia»— reclamaban asistencia a sus mítines mientras los altavoces desgranaban temas de Jackson. Artistas vinculados a Estación Búfalo se habían prestado a telonear al candidato. La cuenta de gastos subía como la espuma.

«¿Por qué si sus declaraciones cerraban telediarios nacionales —había preguntado Embún a su director de imagen— aquel estúpido reportero de *El Comercial* que había estado en su casa, en la residencia de Iris, en la sede de la candidatura interrogando, molestando a todo el mundo, no publicaba nada?»

«Sé muy poco de él», había replicado David. Pensó: «Que redacta en mi vieja máquina de escribir. Que parece insobornable. Que sólo le importan los hechos.»

Contra pronóstico, las primeras estadísticas atribuyeron a Embún porcentajes del cuatro o del cinco por ciento. Singra le garantizó que amañaría un par de encuestas. Manipulaba cualquier resquicio de la promoción para atar al globo de Jackson la cometa de su cliente. En esa parasitaria disciplina David era un hechicero. Contaba con la permisividad de Amaral, resignado a transportar a Embún como un lastre en su vuelo hacia la eternidad. George Díaz había puesto el grito en el cielo, pero Poborska, desde su cincuenta por ciento, toleraba los equívocos, la doble campaña.

32

Frente al hall de inspiración ibicenca los guardas jurados les impidieron pasar. Tuvo que ser el propio director quien, tras arrancarles la promesa de respetar la intimidad de los clientes, autorizara su entrada al hotel.

A través de las ventanas de la oficina de producción mis reporteros vieron a David en mangas de camisa, procediendo a comerse una langosta. Amaral ocupaba un escritorio flanqueado por pósters de Jackson. El cabello le caía más abajo de los hombros.

Oskar Poborska apareció en la piscina. Racaj le reconoció porque el crítico musical del periódico le había mostrado una foto suya con Paul McCartney.

En la sección de espectáculos de *El Comercial* se vivía con interés el concierto. Además del nuestro, todos los diarios publicaban suplementos sobre el pequeño de los Jackson, entrevistas con Amaral y Poborska, con Collins y Lake, incluso con Vanessa Bocángel y Antonio Elhombre. Amaral había montado un departamento de prensa por todo lo alto. Su publicidad saturaba vallas, televisiones, emisoras de radio. Los nombres de la ciudad, de Jackson y, en una significativa medida, del candidato, abrumaban los medios. Amaral había confesado que votaría a «la opción de vanguardia, al ciudadano Embún».

Mientras la masajista aplicaba en su piel aceite y protección solar, un camarero trajo a Poborska su copa. El magnate dejó de hablar por el móvil, se zambulló en la piscina, nadó a estilo perro y retornó a su tumbona para seguir hablando.

Quintín Racaj dejó a Cristina con la Leika apostada en las inmediaciones de Poborska y bajó a la oficina de producción. En el semisótano la luz natural se condensaba con los neones en una lechosa atmósfera.

Singra sostenía reflexivamente una pinza de langosta. Advirtió su presencia. No le invitó a sentarse, pero él lo hizo. Las voces de Amaral, que discutía por teléfono y a la vez con un alcalde, apenas les dejaron entenderse. Sin retirar la fuente de marisco, David prendió un cigarrillo.

—¿Sigue funcionando mi vieja Olivetti? —dijo esforzándose por parecer amable.

—Venía preguntándome qué haría exactamente el director de la campaña «Vota imaginación». —Racaj estaba más pálido que de costumbre; por el ojo de buey podía ver a su fotógrafo robando imágenes de Poborska con unas ridículas bermudas del Pato Donald—. Aparte de comer marisco.

—¿Está en venta?

El periodista señaló su propio torso, dudando.

—La máquina de escribir —sonrió Singra.

Racaj repuso con lentitud:

—Tampoco acabo de entender por qué la mujer de Embún viene por aquí con tanta frecuencia.

De una rozada cartera de mano mi reportero extrajo un sobre con fotos. Seleccionó algunas.

—Me costó obtenerlas. Las revelé yo mismo, en mi apartamento. Mi compañera estaba enferma. Consume pastillas, ya sabe, de esa clase de drogas que importa gente como Jesús Embún. Tuve que esperar horas en las dunas, oliendo la mierda de los caballos. Con el tele se ven los bungalows.

Singra miró las fotos. La silueta de Natalia se recortaba con nitidez. Él la besaba, hacía correr la cremallera de su vestido.

David reparó en que la hirsuta cabellera de Racaj y el peinado de Vanessa Bocángel, que acababa de entrar a la oficina luciendo un minúsculo short, eran del mismo color cobre.

—Te gusta presionar a la gente, ¿verdad, muchacho?

—Procuro hacer mi trabajo.

Singra partió la cabeza de la langosta.

—¿Quiere ver más? —insinuó Racaj.

—Temo no salir favorecido.

—¿Ni siquiera piensa amenazarme?

Singra le miró con suavidad, corporativamente. Las voces de Amaral se oían con fuerza. Quintín insistió:

—No tardaré en publicar esta historia. Una o dos semanas, todo lo más. Usted puede quedar al margen. Cuénteme lo que sepa.

—A mi cliente le vendrá bien la publicidad.

La expresión de Racaj fue depredadora.

—Muy gracioso. ¿Conoce a estos hombres?

Otras caras surgieron del sobre. Floría y Embún en el Hotel Nacional. Automóviles cromados. Putas. Guardaespaldas.

Singra denegó, indiferente.

—Pertenecen al hampa. Cubanos, colombianos. Mire, aquí está usted. ¿Una inofensiva reunión para captar fondos de campaña?

—¿Te están molestando, Mac? —se oyó la voz de Amaral.

—No pasa nada, sigue con lo tuyo.

—¿Necesitas al servicio de seguridad?

—No es nada, Amaral.

—¿Sólo consume o también trafica? —inquirió Racaj con su voz de pájaro.

—Aquí somos todos delincuentes —ironizó Singra—. Discúlpame. Voy a llamar a tu director.

No había olvidado el número de *El Comercial*. Marcó de memoria. La secretaria de dirección tuvo para él una frase cortés. Singra no apartaba la vista de los ojos empañados de Racaj.

Alguien gritó al exterior. No se entendía. «¿Polaco, checo?», pensó Racaj. Vieron cómo dos hombres zarandeaban a Poborska. Amaral colgó el teléfono y salió corriendo. Singra y Racaj fueron tras él. La escena era confusa. Varios policías contuvieron a Amaral. Inspectores de paisano habían esposado a Poborska. Tal como estaba, en bañador, le empujaron hacia un vehículo celular. Pronto dejaron de oírse los juramentos del judío. «Debía de ser yiddish», pensó Racaj.

Cristina disparaba su Leika. Quintín le indicó que era hora de marcharse. Amaral les sorprendió corriendo hacia el parking. Al ver que les perseguía, Racaj arrebató la cámara a la chica, se metió en su coche y arrancó. De inmediato Amaral hizo atronar las revoluciones del Ferrari. Bajando el cerro a punto estuvieron de matarse. Por el retrovisor, Quintín veía el rostro vesánico del manager. En lugar de diluirse en el tráfico de la autovía optó por desviarse hacia una de las pistas de tierra.

Fue un error. La persecución apenas duró. Amaral no le dio la menor opción. Después de intimidarle con el parachoques hizo derrapar su coche y lo atravesó cortándole el paso. Sacó al reportero del asiento y en la tierra le golpeó con sus botas tejanas. Cuando empezó a sangrar abrió la Leika y extrajo el carrete.

—Te enviaré un par de invitaciones para el concierto del siglo —dijo sin aliento; Racaj se cubría la cabeza con los brazos—. Hasta entonces no quiero volver a verte por aquí, ¿has entendido?

Miré aquella foto de agencia.

Vestía casaca, pañuelo, pantalones anchos. Salvo los calcetines rojos y las charreteras de plata, su ropa era tan negra como lo había sido su piel.

Perfilados a lápiz, sólo se distinguían de él los ojos de ciervo herido. El sombrero y la máscara ocultaban sus rasgos, su marfileño cutis. Las manos eran grandes y parecían suaves, como las de un peluche.

Racaj me hizo reparar en el segundo personaje. Ivo Nagen robaba un ángulo de la instantánea transmitida por Reuter. Sus diabólicos ojos vigilaban a Jackson con una tensa expresión. Un bulto en su costado denunciaba el revólver.

La imagen había sido captada a la salida de la cárcel de Frankfurt. En una de sus celdas, Oskar Poborska, detenido por la Interpol en España bajo acusación de fraude fiscal, aguardaba juicio en régimen preventivo. El fisco alemán —terminaba explicando el pie de foto— le demandaba millones de marcos.

Jackson había permanecido en la prisión alrededor de una hora; no quiso hacer comentarios. Aparentaba estar afectado por la suerte de su amigo Poborska. Encabezando un cortejo de limusinas partió hacia el aeropuerto internacional. Roja y negra, la bandera de su jet llevaba inscrita la leyenda *King of the Pop*. Sus guardaespaldas golpearon a unos fans alemanes que intentaron abordarle en la pista.

Unos días después, en un periódico de Singapur, mal escrito, George Díaz leyó el nombre de Amaral. Desde el legendario Hotel Raffles decidió telefonear y felicitarle por la difusión de su espectáculo; aprovechó la llamada para refrescar su memoria: el nuevo plazo de medio millón de dólares expiraba en el curso de aquella conferencia.

—No tienes sentimientos, George —protestó Amaral—. Estoy seguro de que ni siquiera has ido a visitar a Poborska, como ha hecho Michael.

¿Por qué George Díaz siempre estaba en Singapur, México, Manila?, meditó con amargura Amaral. ¿Por qué él y los promotores que eran como él sólo hablaban de dólares y fechas, facturas, impuestos? ¿Por qué a nadie le importaba un carajo su perseguida gloria?

El viento agitaba los matorrales. Mientras conducía a toda máquina hacia el aeropuerto de la ciudad, Amaral recordó su última pelea con su hermano Amador. No pudo precisar cuándo había sucedido. Ni siquiera sabía cuánto tiempo llevaba sin comer, sin dormir. Ojerosa, su mirada parecía fija y perdida a la vez.

El director del aeropuerto le recibió en su despacho. *King of the Pop*, el Boeing que trasladaría a Jackson desde Colonia, tenía prevista su llegada a las cuatro. Faltaban dos horas.

Incapaz de permanecer quieto, Amaral se dirigió a los hangares, a la nave donde reposaba el helicóptero. Estaba discutiendo con el piloto Flores cuando, con la excusa de ir al lavabo, interrumpió la conversación y esnifó una raya de mantenimiento.

Por los pasillos del aeropuerto, desenfundando los teléfonos portátiles como si fueran pistolas, atendió las peticiones de los medios. Al salir a la pista los reporteros se le echaron encima. Un micrófono golpeó sus labios. El nervio herido transmitió una grafía de dolor gélido. Se acordó de Racaj, de cómo sangraba su boca.

Deslumbrado por los focos presintió el síndrome. Quedó rígido en tránsito mental, los móviles colgando de sus manos muertas.

—Diríjanse a la tribuna de prensa, si son tan amables —logró articular—. A la tribuna.

Entró en un lavabo y esnifó. Había gente.

Hordas de fanáticos habían tomado la terminal. Imitadores de Michael practicaban sus pasos de baile. La policía los iba desviando hacia una zona acotada.

Una nube de cámaras persiguió al manager. No tuvo más remedio que detenerse.

—En estos momentos —dijo consciente de estar entrando en millones de hogares—, se llevan vendidas ciento veinticinco mil entradas. Otras cincuenta mil se liquidarán en las próximas horas. Si todavía no ha reservado su ticket, recuerde que estamos hablando de una experiencia única.

—¿Existe algún riesgo? —quiso saber una reportera de televisión.

—Justo a medianoche una luna llena se alzará sobre las siluetas de los dioses. Desierto, electricidad, belleza. ¿Alguien pretende defraudar a los amigos que acuden de Japón, de Islandia? No será Michael, no seré yo. ¿Por qué no le preguntan al Gobierno qué ha hecho por esta ciudad?

—Ya que habla de política...

—Odio a los políticos. Michael aborrece a los fenicios. El señor Embún es un mecenas. Apoya las causas de la humanidad, de la música. La naturaleza, el amor, la no violencia. Luchamos contra la xenofobia. ¿Saben cuántos políticos se han interesado por el show, por la fuente de ingresos que supone para nuestra comunidad? Ni uno de esos parásitos. Sólo el señor Embún.

—Entramos en vivo —dijo otro presentador abriéndose paso—. Canal Temático en directo, señor Amaral.

—Buenas tardes —dijo el manager mirando a la cámara. Trataba de recordar el share de Canal Temático.

—Nos encontramos con uno de los protagonistas del llamado concierto del siglo. Enhorabuena.

—Gracias. Ha valido la pena esforzarse. Nuestro pueblo merece ser feliz.

—¿Puede confirmar la asistencia de la Casa Real?

—En efecto. También estará el presidente, que al parecer necesita promoción.

—Muchos nos preguntamos —dijo el presentador, entre un coro de risas— cómo logró convencer a Jackson.

—En una carta le describí la luna llena sobre el desierto, los quebrantahuesos, nuestro déficit en felicidad.

—También, suponemos, le atrajo la cifra.

—Estamos en el aire —dijo un nuevo locutor.

Amaral localizó la cámara y le clavó los ojos.

—Michael no lo hace por dinero. ¿Sabían que esta producción costará cuatro millones de dólares? Ignoro si saldaremos pérdidas o beneficios. No me preocupa. Emprendí el proyecto porque quería hacer algo digno de merecer la gloria.

—¿Cómo ha dicho?

—Sí —se afianzó Amaral alternando sus movimientos visuales para cautivar ambas cámaras—. Cuando la multitud asista al simulacro de una catástrofe yo estaré arriba, en alas de la ilusión, entre ráfagas de atmósfera, tan cerca de la eternidad que...

Un avión con franjas rojas y negras apareció en el cielo. La gente comenzó a gritar.

Como si otras manos más pesadas aplastasen las suyas contra el teclado, Quintín debía de sentir el peso de la responsabilidad. Durante cuarenta y ocho horas permaneció en su mesa, frente a la vieja Olivetti heredada en cuyo carro, a punta de navaja, podía leerse el apellido que ahora daba morbo y color al reportaje: «David J. Singra».

Hasta que su conmoción evolucionó fuera de peligro había permanecido ingresado en un hospital público. Tenía dos costillas rotas. Le habían cosido la barbilla e intervenido un globo ocular. Bajo los golpes de Amaral sus gafas habían estallado, hiriendo los ojos.

Le visité con el director del periódico. Compartía la habitación con la víctima de un accidente de tráfico. En pijama parecía un reo. Me impresionó. Desde su cama amontonó argumentos para publicar el reportaje.

Deliberé una vez más con el gabinete jurídico. Uno de nuestros contactos en el Gobierno nos garantizó que Embún iba a ser detenido. El presidente había mostrado un interés particular en agilizar su procesamiento.

El director dio luz verde. Racaj vino al periódico desde el hospital. Sólo pasó por su casa para cambiarse y recoger papeles del «caso Embún».

Estábamos solos en la redacción. Yo me había puesto la visera y leía a Anaïs Nin. Una brisa mecía los estores teñidos de nicotina. Por los ventanales se derramaba la noche templada.

Corregí galeradas. Tomé café. A veces Risco y los muchachos me traían vídeos pornográficos. Miré uno mientras Racaj redactaba.

Leí veinte holandesas sin hablarle porque estaba pendiente de mis gestos como de un veredicto. Destapé la pluma para corregir. Cambié el titular, redacté sumarios. Me sentía joven y viejo al mismo tiempo. Después de una leve molestia en la próstata leí de nuevo. A las tres de la madrugada, ante el redactor de cierre, dictaminé:

—Páginas dos y tres, a siete columnas. Cuatro, a cuatro. Reportaje gráfico en última. Editorial.

Aguardé. Racaj me analizaba con su ojo sano; el otro permanecía oculto tras un parche de gasa.

—Abriremos en primera a cinco columnas. Color. Faldón en la tres. Firmaré un comentario de apoyo.

—Se lo agradezco, señor —dijo Racaj. Fue una de las pocas ocasiones en que sorprendí en él una reacción espontánea.

—Mañana tómese el día libre. Vaya al teatro, al cine. Salga con una chica. ¿Conoce alguna?

El muchacho estiró una mueca tímida.

—Si no mete la cabeza debajo de las faldas, como ese cabrón con pintas de Singra, es posible que llegue usted lejos. Voy a recomendarle para una jefatura de sección, Racaj. No me dé las gracias.

—Muchas gracias, señor.

—¿No me ha oído?

—Quisiera decirle...

—Váyase a dormir, hijo. Yo cerraré la edición.

33

Sostenido por manos invisibles flotó un paraguas blanco. Las voces de la multitud sofocaron el motor de otro avión que despegaba. De negro y verde oliva, precedido por Nagen, que portaba la sombrilla, Michael Jackson saludó a sus fieles y descendió de su Boeing. Temblorosos niños le entregaron ramos de tulipanes rojos y negros. En un rústico inglés, el candidato Embún le dio la bienvenida a España.

Al filo de la alfombra púrpura, Jackson posó ante las cámaras. Rompiendo el protocolo se dirigió hacia los cientos de jóvenes que se aplastaban contra una verja. Impuso las manos a un sollozante niño. «Se cree un apóstol», pensó Amaral. El chico se desvaneció.

El cordón de seguridad amenazaba hundirse. Nagen y Amaral retrocedieron protegiendo al astro. Con Vanessa tomaron asiento en un monovolumen de cristales cromados.

A lo largo de los seis kilómetros que separaban el aeropuerto del centro de la ciudad miles de personas aclamaron al cortejo. De vez en cuando la estrella emergía por la trampilla del vehículo. La gente cruzaba la calzada, detenía el tráfico, intentaba tocarle.

Al quitarse la mascarilla pudieron apreciar la tersura artificial de su cutis. Con una curiosa expresión, Jacko evaluó las rodillas de Vanessa. La novia de Amaral llevaba minifalda y una camiseta tan ceñida que sus pechos transparentaban sus rebeldes puntas. Nagen deslizaba confidencias al oído de Michael. «¿Le estará contando los polvos de Colonia?», se mortificó Amaral. Sin embargo, el manager sonrió y, arrebatado por la espuma del éxito, por los aplausos, se asomó para saludar. Desde su limusina, Embún saludaba y sonreía también.

Al llegar al hotel la muchedumbre los bloqueó. La policía tuvo que emplearse para despejar un carril, pero los fanáticos comenzaron a sacudir la furgoneta. El manager experimentó una intensa claustrofobia. «¿Te encuentras bien?», le susurró Vanessa. Amaral se tocó la nariz, desesperado. Al darse cuenta de que Jackson le estaba observando fingió un estornudo.

El aliento de la multitud los envolvió. Amaral esquivó un arañazo, pero las costuras de su americana saltaron como por arte de magia. «¡Quítate el reloj, te lo arrancarán!», rugió Ivo Nagen desde el flanco de Jackson, que avanzaba imperturbable hacia la puerta del hotel. Pero ya su Rolex había saltado. Aunque pudo recuperar la esfera, la brusca flexión le causó un fuerte dolor en el tórax. Luego comprendió que había recibido el golpe de un fan.

—¡Detrás de vosotros! —advirtió Vanessa.

Michael se giró. Un clónico suyo había roto el cordón de seguridad y corría hacia ellos enarbolando algo, un objeto. Derribó a Amaral. En el acto encajó un puñetazo de Nagen. Los guardaespaldas lo apalearon en el suelo.

—¡Antidisturbios! —exigió el mulato.

—¡Esto no es Guinea Ecuatorial! —replicó el promotor.

Con decisión, tomó el megáfono de un coche patrulla. Su voz invadió la avenida.

—Colegas, os habla Amaral. —Los fans próximos aplaudieron, reconociéndole—. Atrás, amigos. Todos veréis a Michael. Ha hecho un largo viaje para llegar hasta nosotros. Debe descansar. Calma, colegas. Os habla Amaral.

Se produjo una avalancha humana. Los guardaespaldas fueron arrollados. Jackson alcanzó el vestíbulo. Mil manos forzaban las entradas laterales. La puerta principal estalló. Una bomba de vidrio arrasó la recepción. Como náufragos, Amaral y Nagen se dirigieron a un ascensor. La puerta se cerró entre un centenar de brazos. Nagen pulsó la planta de la suite presidencial.

En el pasillo ordenó:

—Tú, Vanessa, quédate.

La secretaria de producción consultó a su jefe. Jackson atendía la escena.

—Eres mayor de edad, Van.

Amaral bajó a pie la escalera. El dolor cambiaba de cavidad. Una sensación de vértigo lo mareó.

La policía despejaba el hall. Los heridos leves estaban siendo trasladados a las ambulancias. Timbró la motorola. Era Elhombre, desde el desierto. Todo iba bien. Probablemente agotarían taquillaje.

En la calle un círculo de fanáticos aplaudió a Amaral. Dos chicas le besaron con sus labios de fresa. «Gracias por traernos a Michael», dijo una de ellas.

—¡Allí! —exclamó una voz.

Amaral alzó los ojos a la azotea. A veinticinco metros, con las piernas colgando, estaba sentado Jackson. Como si, antes de arrojarse al vacío, quisiera despedirse de la existencia mortal, se columpió hacia adelante y saludó sombrero en alto. Cinco mil gargantas gritaron de horror.

La exhibición de funambulismo duró un minuto eterno. Amaral llamó al móvil de Nagen. «Tranquilo», dijo el mulato. «¿Era él?» «Claro.» Al manager le pareció oír la voz de Vanessa. Nagen colgó.

Iba a recluirse en su habitación cuando recordó habérsela prestado como picadero a su amigo Singra. Salió a la calle y se metió en el primer bar para tomar una absenta.

David, que en ese momento estaba asomado a la ventana, le vio desde una de las suites de la segunda planta, reservada a nombre de Amaral.

Embún asistía a un debate en directo. Una supuesta reunión con Nagen en la que se negociarían los desplazamientos de Jackson y del candidato (visitas a un hospital infantil, a un colegio) había servido para excusar la presencia de Singra. Inocentemente Natalia había alegado que se quedaría por el centro. «No tengo nada sexy para el show», dijo estancando en su marido una de esas dóciles miradas que Singra era incapaz de interpretar. «Tanta molestia por un negro que ni siquiera es negro», había comentado Embún antes de desaparecer absorbido por el tráfico.

Mientras Amaral coordinaba la seguridad, Natalia y Singra habían atravesado la marea de fanáticos. Subieron a la habitación y rodaron sobre la cama. David trató de no romper el broche que prensaba el tirante de su vestido, pero hizo saltar el cierre: una lluvia de perlas rebotó en la alfombra.

Suponía que a ella le gustaba su modo de acariciarla con voracidad para después poseerla más lentamente. El riesgo de ser descubiertos debía incrementar el placer. En realidad, aquella gimnasia le recordaba a ella la grosera estimulación de Embún. David nunca llegaría a admitir que lo único que aquella mujer no necesitaba era sexo.

Uno de los dos debió de accionar el mando a distancia porque la fachada del Hotel Nacional se dibujó en la pantalla del televisor.

—No te muevas —susurró Singra.

¿Cómo no se habían dado cuenta? La ventana estaba abierta. Desde los apartamentos de enfrente podían ver, grabar.

—Jackson ocupa la suite presidencial. Debe de haber una docena de cámaras enfocando este piso.

La persiana cayó con un ruido sordo. Natalia encendió un cigarrillo y cambió de canal.

—Encargaré champán al servicio de habitaciones.

—Supongo que después de pagar los gastos de Michael, a Amaral no le importará demasiado.

Singra derribó un jarrón de flores secas. El rostro de Jesús Embún acababa de aparecer en pantalla.

—Es como si nos estuviera viendo —dijo ella.

—¿Crees que no lo sabe?

—¿Cómo iba a saberlo?

—¿No sabía lo tuyo con el abogado?

—Aquello terminó hace mucho tiempo.

—¿Un mes es mucho tiempo?

La delgada cadena en el tobillo de Natalia significaba para él la traición, el deseo. Me repetía que esa mujer no se parecía a ninguna otra. Era la esclava que servía a un esposo tiránico, engañado, fuego abrasándose en cualquier cama. Embún nunca olvidaba enrollar una toalla a su antebrazo antes de castigarla, pero a veces afloraban hematomas en su piel. David besaba con turbación esas marcas. Natalia le inspiraba violentas fantasías. La llama erótica lo mantenía embotado. ¿Qué hacía allí en lugar de asistir al debate, en el estudio de televisión, cerca de su cliente? Con sus nuevas lentillas y el pelo teñido, Embún parecía vigilarles desde la pantalla. Singra experimentó una cierta vergüenza. ¿Su comportamiento era profesional? Embún podía necesitarle. «Al fin y al cabo es un novato», pensó mientras besaba con desorden a aquella mujer que compartían.

La cadena había elaborado un reportaje de familia. Erik, Alonso y la propia Natalia paseando por el parque de la finca, entre jaulas de pájaros y especies tropicales. «Vota imaginación. Vota eficacia.»

—¡Amaral!

Alguien golpeaba la puerta. Singra atravesó desnudo la moqueta. Abrió un resquicio. Los ojos verdes de Ivo Nagen relucían como los de una pantera.

—No está aquí.

—¿Interrumpo algo? —se burló Nagen.

Amaral estaba en el vestíbulo del hotel hablando por el móvil y, a la vez, discutiendo con el teniente al mando del destacamento policial. Los fans habían sido contenidos. Tras su paseo por la azotea, Jackson se había limitado a saludar desde los balcones.

—Michael quiere dar una vuelta —dijo Nagen.

Amaral se sublevó.

—Ahí afuera nos acechan cinco mil fanáticos. Son agresivos. Me han roto el reloj. Fíjate en mi chaqueta. No podemos enfrentarnos otra vez con ellos.

—Saldremos por el garaje —decidió Nagen.

—¿Adónde se supone que vamos?

—Michael quiere comprar discos, libros, juguetes, cosas así...

—¿Cosas así, Ivo?

—En el garaje, en diez minutos. Obedece o no habrá show.

«Necesito una raya», pensó Amaral, desesperado. Superándose, hizo encerrar las limusinas en el parking subterráneo y llamó a la primera gran superficie cuyo número le sirvieron en información. «¿Hablo con el responsable del centro?», preguntó. «Con el coordinador de planta.» «Aquí Amaral, de Búfalo. Estoy con Michael Jackson. Quiere comprar libros, discos, cosas así. Vamos para allá. ¿Correcto?» Largo silencio. «Creo que podemos hacerlo.» «Diez minutos —precisó Amaral—. Volveré a llamar desde el coche.»

Michael abandonó la suite con un conjunto rojo y negro y una enigmática sonrisa. Como si una pasta de arroz modelase su rostro, su piel, sin la máscara, se adensaba en una blancura mate. Mientras descendían en el ascensor con guardaespaldas armados Amaral le habló del desierto y del origen del hombre. «*Nice*», dijo Michael con su vocecita de duende. Se interesó por adquirir un par de quebrantahuesos, macho y hembra, para el zoo de Neverland. Aprovechando su buena disposición Amaral planteó la entrevista con la Casa Real. «Michael es el Rey del Pop. Sólo recibirá al rey de España —sentenció Nagen antes de dudar—: Porque aquí tienen rey, ¿no?»

Los chóferes, que fumaban en tertulia, ocuparon a la carrera sus puestos. La comitiva embocó la rampa y, amparada por el cordón de seguridad, se deslizó hacia una avenida. Varios reporteros se precipitaron a las unidades móviles, a las motos. Un helicóptero sobrevolaba el distrito. Dos caravanas de televisión chocaron entre sí. Tras los cristales opacos del monovolumen las manos se extendían buscando a Michael.

Comenzó una frenética carrera por las calles de la ciudad. El manager desenfundó el portátil y llamó al centro comercial. «Estamos preparados —dijo otra voz, ésta más firme—. Sigan las instrucciones de los guardas jurados.» «Correcto», dijo Amaral fijándose en las manos de Michael, en las manchas cutáneas que el maquillaje facial no conseguía ocultar. «*Where is Vanessa?*», preguntó el artista.

Dejaron atrás el casco urbano con las torres árabes apuntando al árido cielo de diciembre. El aire apenas funcionaba. Congestionado, Amaral hizo bajar su ventanilla. Al instante un micrófono flotó ante su boca. Sobre una moto de gran cilindrada les enfocaba una cámara. Nagen retiró el micro de un manotazo. «Bastardos.» «Son buenos chicos y nos hacen publicidad, Ivo», procuró calmarle Amaral. «Unos bastardos de mierda es lo que esos cabrones son», renegó el mulato. Sus ojos ultraterrenos reflejaban criminales destellos. Amaral se preguntó cómo reaccionaría cuando estallase el hongo nuclear. «Lo mismo nos ameniza con una ensalada de tiros», pensó.

Timbró el móvil. Era Elhombre, desde el valle de Jackson. Mientras Amaral le atendía Michael puso una cinta de James Brown. «Hemos sufrido una explosión», anunció Elhombre. «Estoy con Michael», advirtió Amaral, en voz baja. «Un barril de dinamita estalló en el polvorín y la montaña tembló», informó Elhombre. «¿Hay víctimas?» «Uno de los hombres, grave.» «Traslada esa mercancía fuera de la comunidad», ordenó Amaral.

«¿Qué sucede?», preguntó Nagen sobre la voz de James Brown. «Periodistas, Ivo», dijo Amaral encogiéndose de hombros. «Bastardos», dijo Nagen.

Sobre una loma de un verde quirófano —«¿hierba sintética?», pensó Amaral, desesperado porque el síndrome de abstinencia cernía sobre él su pesada sombra—, la gran superficie erguía su arquitectura. Una multitud atravesaba la autovía por los puentes. El manager dedujo que las cadenas de radio estaban informando en vivo. Se reprodujeron escenas de histeria. Amaral habría jurado que muchos fans eran los mismos que acababan de asediarles al salir del hotel. ¿Cómo habían llegado hasta allí, atravesando el centro, al mismo tiempo que ellos?

Apenas hubieron saludado a los ejecutivos, la marea humana los arrastró por un laberinto de tiendas. Amaral se pegó a Nagen, que empujaba o golpeaba a todo aquel que se acercaba en exceso. Michael habló, pero no pudo entenderle; los gritos reverberaban en las planchas de cinc.

Las cámaras se estorbaban entre sí. Amaral identificó a ilustres presentadores corriendo con los micros en alto. Impertérrito tras su sombrero y la máscara, Michael caminaba ajeno a la presión.

Un amplio supermercado extendió ante ellos su paisaje lácteo. Los guardaespaldas lucharon por ganar la escalera mecánica. El oleaje humano arrasó el área de cajeros. Carteles publicitarios cayeron con estrépito. Puestos de hortalizas y frutas saltaron por los aires. El suelo se transformó en una pista de patines. Amaral resbaló. Para evitar ser arrollado se colgó de Michael, que le ayudó a alcanzar la escalera. Con una traviesa sonrisa Jackson señaló un hilo de sangre, un arañazo en su mejilla. «No es nada», dijo Amaral sintiéndose un héroe de rol. Respiraron mientras subían, pero en la planta alta otra avalancha de fanáticos les hizo retroceder. Michael aguantó sin un lamento tirones y golpes. Un clónico enarboló un mechón suyo aullando como si le hubiese arrancado la cabellera. Siguiendo a Nagen huyeron por la sección deportiva. Desembocaron en una escalera y desde allí, ya en otro nivel, a una galería de boutiques.

Al pasar por un quiosco de prensa Amaral creyó ver la fotografía de Embún, pero iba tan acelerado que no pudo pararse. Nagen entró al asalto en una tienda de discos. Los guardaespaldas atrancaron la entrada. La gente se amontonó contra la luna.

Michael se entretuvo en escoger compactos. Inmóvil tras la caja registradora, la encargada lo miraba como a un dios. Al oír la música a fuerte volumen —un tema del propio Jackson que el disc-jockey se había apresurado a pinchar—, Amaral se animó a poner en escena una extraña danza. Michael le invitó a acercarse. Bailaron juntos. Desde el escaparate los flashes los inmortalizaron en una ráfaga de luz. Amaral bailaba como un oso borracho. Era tan cómico que Jackson, detrás de la mascarilla, rompió a reír. Tuvo que apoyarse en las estanterías porque, de hilaridad, se le doblaba el estómago. Nagen se les unió. Al contonearse mostraba el correaje y la funda de su pistola.

Regresaron al Hotel Nacional en medio de un delirio colectivo. Tras ardua lucha lograron custodiar al astro hasta sus habitaciones. Con la americana desgarrada, deambuló Amaral por el vestíbulo impartiendo a sus hombres consignas para la jornada siguiente. Desde los expositores de prensa volvió a llamarle la atención el rostro de Embún. Hojeó un ejemplar de *El Comercial* mientras hablaba con Antonio Elhombre.

Una unidad de televisión le identificó en la puerta del hotel. «¿Sería la gloria una recompensa virtual, la holografía de un paraíso?», pensó. Bajo la marquesina, aturdido por las luces y los gritos, despachó la entrevista. Llamó al botones para que le trajera el bólido y, haciendo derrapar las llantas, puso rumbo al Casino.

34

Bajo el presagio de una luz parda, contra los pronósticos meteorológicos, que habían anunciado buen tiempo, el penúltimo día del milenio amaneció oscuro, sin luna.

Amaral había programado su alarma digital a las seis de la madrugada. Emergió sudando sobre el flanco de Vanessa Bocángel, que dormía con el cabello desordenado en mechas y crines.

Respetando un compromiso entró en directo en una emisora. El locutor le introdujo como el personaje del mes. Amaral aseguró que no quedaban entradas y que la reventa multiplicaba por diez los precios de taquilla.

—¿Quién era? —murmuró Vanessa, prendida de un sueño lisérgico—. ¿Chingamos antes de la catástrofe?

—¿No es demasiado pronto?

¿Con qué término diagnosticar la nube que veló su consciencia? Durante una pausa infinita sus venas dejaron de arrastrar sangre. Algo así como un trozo de lava ascendió por su tráquea. Todo era blanco, lechoso... ¿Quién le llamaba desde el fondo de aquellos círculos? Lentamente su pulso retornó. Por un momento Amaral creyó que había muerto. No habló, no respiró. Se arrojó sobre ella con la sensación de estar cayendo en el interior de un caleidoscopio de paredes viscosas. La carne de Vanessa Bocángel se abrió como un bosque de humedad y silencio.

El sol no salió hasta las diez. Sus rayos revelaron el escenario con brumosa claridad. Encima de los soportes lumínicos, a treinta metros del suelo, una descomunal réplica de Colón sonreía como un engolado apolo. Collins había hecho alinear dioses y césares, Alejandro, Napoleón, Nostradamus. Mientras admiraba a los quebrantahuesos planeando bajo las nubes, sobre las cabezas de Cleopatra y Julio César, Amaral oyó decir a Antonio Elhombre:

—Hemos detectado actividad a un par de kilómetros de aquí. Al sur, en el monasterio abandonado. ¿Envío una patrulla de seguridad?

—Según mis informes se trata de un equipo de ufólogos —le tranquilizó Amaral—. Están trasladando materiales. Cámaras infrarrojas, sondas. ¿No lees los periódicos, Tony? Nos encontramos en territorio de avistamientos. Al parecer, disponen de un contacto. Un tal comandante Rum, del espacio exterior. Para que luego digan que soy yo el único grillado.

—Esta noche asistirán a la guerra de las galaxias —bromeó Elhombre.

—No te imaginas hasta qué punto —apostilló Amaral con aire enigmático.

Un violento ruido provocó ecos en el valle. Al ascender por un terraplén había volcado uno de los toros mecánicos. Atrapado bajo las ruedas, el conductor gritaba y agitaba desesperadamente las manos.

Amaral quiso ayudar al rescate. Diez hombres no podían mover la máquina. Elhombre masculló, apartándole:

—Está listo. ¿Lo sacamos de aquí, como al otro?

—Cuidado con los ecologistas y la prensa, Tony.

Sólo una sección, del millar de operarios que faenaba en el valle, advirtió el accidente.

Se trabajaba a destajo. Los megáfonos transmitían las órdenes de los capataces. Ataviado con un «look» colonial, Lake pretendía seguir pareciéndose a un director de cine. No se apartaba de su novio, un musculoso obrero de origen marroquí.

Al cubrir con enormes lonas las estructuras desnudas que soportarían las pantallas de vídeo, brigadas de scaffolders se jugaban la vida encima de los andamios.

Vallas y alambradas habían resultado menos intimidatorias de lo previsto. Durante la noche, el servicio de orden tuvo que expulsar a decenas de jóvenes que intentaban burlar los controles. Las cotas del cerro facilitaban los saltos. Algunos fanáticos habían utilizado pértigas desde el seco cauce de un arroyo. Unos cuantos paracaidistas se lanzaron desde avionetas y globos aerostáticos. Uno de ellos se golpeó contra la estatua de Moisés. Amaral admiró aquel gesto de valor. Hizo buscar al protagonista entre las filas que agobiaban las entradas al valle y le regaló un pase de backstage. En su gratitud, el joven quiso besarle las manos. «¿Te gustaría conocer a Michael?», propuso Amaral. El afortunado fan le contempló como a un profeta.

«Necesito una raya», pensó Amaral, desesperado. Notaba que se le nublaba la vista. Sus botas camperas se hundían con pesadez en la arena. Vanessa pasó a su lado conduciendo un jeep. Con la punta de las uñas pintadas de azul vampiro le lanzó un beso solidario.

Collins le informó de que la prueba de sonido, sin Michael, se realizaría a las cuatro. Había dispuesto dos palcos. Uno, en gradas, para autoridades principales; otro, junto a las mesas de sonido, para vips de Jackson. Lady Lake filtró a la prensa que, además de una Infanta, asistirían jeques y princesas alemanas de incógnito, protegidas por gran aparato de seguridad.

—¿Se encuentra bien? —agregó Collins.

—¿Por qué lo pregunta?

En el espejo de la caseta de producción su rostro reflejó una mórbida palidez. Se había afeitado al amanecer, en el Casino, tras encontrar su espuma y su navaja entre la batería de pinturas y tintes de Vanessa, pero la barba pujaba por salir. Descolgó el espejo y esnifó.

Se oyó un portazo.

—Buenas. ¿En qué está pensando?

Era el alcalde de Lascas. Su municipio se había hecho famoso.

—En la inmortalidad. Un concepto para usted exótico.

—No imagina cómo está el pueblo. —El alcalde parecía desconcertado; restos de coca eran visibles sobre la superficie del espejo—. Las casas se alquilan por cuartos.

—Aceptaré que me dediquen una calle. Tenga, llévele una entrada al cura. Su sermón me inspiró un nuevo Gólgota.

—Sólo venía a darle las gracias. Ahora le dejo.

«Pequeño bastardo corrupto», pensó Amaral. Alicaído, reflexionó que ni siquiera una guerra santa bastaría para erradicar de la faz de la tierra a esa raza de mercaderes.

Salió a la explanada para dirigir la instalación del brazo mecánico que se transformaría en cruz. Su elevada plataforma incorporaba cinturones de seguridad que Michael no quería utilizar. Collins había insistido por temor a que desde el helicóptero se produjese un error sincrónico. Amaral soñaba con un plano destinado, a su juicio, a la épica del pop: Michael ascendiendo en el minuto cero en medio de vorágines de humo y fuego.

—Ahí viene Nagen —advirtió Elhombre.

Los saturnales ojos del mulato empozaban rencor. Tampoco él, meditó Amaral, había sido capaz de concebir el símbolo del milenio. ¿Pero quiénes eran, por favor, Nagen, Poborska, George Díaz? «Pirañas, fenicios de los imperios discográficos», acusó su voz interior.

Recién llegado al valle de Jackson, Díaz le había presentado sus respetos durante la fiesta ofrecida por Búfalo a promotores y prensa mundial. George contó que en Miami, en Kuala Lumpur, en Buenos Aires se hablaba de Michael Jackson y de la apuesta de Amaral.

Nagen le abordó:

—¿Mis veinte hombres armados?

—Tengo jaqueca, Ivo.

—Veinte, ni uno menos. En el escenario, cerca de Michael. Armados. O no habrá show.

Amaral asintió, humillado. Nagen le dio unos suaves cachetes.

—Buen chico. Obedece y todo saldrá OK.

Una muchedumbre los asaltó en el túnel de acceso al Hospital Infantil. Había sido el único centro sanitario en aceptar la visita del cantante.

Amaral estrechó la mano del director clínico, que los esperaba en el box de urgencias junto a otros médicos. Pancartas sindicales expresaban la oposición de una parte de la plantilla.

Habían quedado con Embún a la entrada, pero el candidato no estaba. Precedido por una nube de cámaras, Michael se quitó la mascarilla. Pudieron apreciar sus pestañas con rímel y la boca maquillada de rouge. Algunos medios insinuaban que el auténtico Jackson se hallaba aún lejos de la ciudad, pero Amaral había visto en Colonia esas mismas pigmentaciones epidérmicas bajo los lóbulos de las orejas y sabía que era él. En el ascensor le comunicó que ya había obtenido la pareja de quebrantahuesos para su zoológico privado. «*Nice*», dijo Michael.

—Mis veinte hombres —le recordó Nagen con una mueca feroz—. O no habrá show.

Michael señaló al azar unos pósters de nutrición infantil que decoraban el pasillo de pediatría. Sin molestarse en pedir permiso Nagen fue arrancando como un botín fotos de rollizos bebés armados con papillas y cucharas de madera.

Entraron en una habitación. Un chico con las pupilas dilatadas esperaba junto a su madre. Los médicos explicaron que padecía leucemia. Michael se sentó en el filo de la cama y le entregó unos obsequios. Los reporteros intentaban pasar. Amaral sólo autorizó a las televisiones de agencia. Arreciaron las protestas. Nagen se encaró con un fotógrafo. Hubo empujones, amenazas. Algunos gráficos lograron colarse. Del fondo de la habitación surgieron flashes. Nagen azuzó a los guardaespaldas, que empezaron a repartir leña.

El Rey del Pop abandonó la habitación. Un grupo de enfermeras corrió tras él. Por los pasillos se veían camillas con pacientes abandonados. Pasaron frente a los nidos. Amaral se dio cuenta de que Michael se detenía para observar las incubadoras. Le preguntó si quería ver de cerca a los recién nacidos. Jackson afirmó.

Mientras los guardaespaldas frenaban a la prensa ellos curiosearon la cálida sala. Michael paseó entre las cunas su mirada de ciervo. «No parpadea jamás», observó Amaral. El más débil de los bebés llamó su atención. Agachándose y pegando la nariz contra el cristal escrutó su diminuta figura. «Llamad a míster Bobitt», señaló.

Nagen hizo entrar a su camarógrafo y jefe de prensa, el ojo que registraba sus movimientos públicos. Michael le ordenó filmar. Como si estuviera actuando contempló con una expresión conmovida a aquel ser de piel traslúcida que no debía de pesar ni ochocientos gramos. Estaba intubado y sus manitas eran del tamaño de una esfera de reloj. Amaral juzgó difícil imaginar un cuerpo más inerme.

Cuando Bobitt hubo tomado suficientes planos, Michael se arrodilló y, comprobando que nadie les veía, alzó la tapa de la incubadora. Amaral no supo reaccionar. Por su mente cruzó el reflejo de prohibir aquello. Debían huir de allí antes de que se multiplicasen las denuncias de padres, abogados, asociaciones para la protección de la infancia. Pero no pudo moverse. Paralizado por la presencia de Jackson, y también por su propio corazón, que otra vez latía sin control, se aferró a una camilla.

Michael miraba con intensidad a la criatura, cuyo corazón, a diferencia del de Amaral, vibraba regularmente, como una diminuta bomba. Entre los tubos, el índice de Jackson invadió la atmósfera esterilizada del nido. Bobitt filmaba a un palmo de distancia. Amaral comprendió: asistía al gesto de la creación. «De un momento a otro aparecerá ET», pensó. La yema de Michael rozó las uñas del bebé. Bobitt filmó la prueba de que Jackson le había transmitido la energía de la vida.

Michael se acercó a Amaral, que sudaba y respiraba con dificultad. Después de besarle en una mejilla, dijo:

—Necesito ir al cuarto de baño.

«Y yo necesito una raya» pensó Amaral, desesperado.

35

Al regresar del hospital, cuando faltaban escasas horas para el show, Amaral empezó a hundirse en la ciclotimia. La euforia sucedía a la depresión. Sin dominio sobre la película de acontecimientos, decisiones de última hora, entrevistas, denuncias contra los revendedores, esnifaba o bebía en cuanto se quedaba solo.

A media tarde un violento aguacero refrescó el desierto. Las hondonadas del valle se cubrieron de barro. El cauce seco del río Lascas fluyó con un lodo rojizo que Amaral interpretó como un presagio bíblico. Circuitos electrónicos sufrieron los efectos de la tromba. Poco después un sol tímido asomó entre las nubes. La arena se fue secando con rapidez. Vanessa mandó extender lonas en el área de tribunas. El viento hacía oscilar los ídolos. La amenaza de tormenta se mantuvo.

Con Antonio Elhombre, Collins y la propia Vanessa, sus lugartenientes para la batalla del pop, Amaral inspeccionó el polvorín abierto a pico en la roca. Supervisó bengalas y cargas, explosivos, cañones. Allí dentro era tan sofocante el calor que Elhombre, deshidratado, sufrió una lipotimia. Amaral lo embarcó en un todoterreno en dirección al Casino.

—Toma un masaje y un baño con sales. Si llamas de mi parte el director te proporcionará una chica. A las ocho en punto de vuelta, ¿estamos?

—Gracias, jefe.

—¿Te habías preguntado alguna vez por qué los pasajes gloriosos de la historia huelen a pólvora? Puede que hoy obtengas la respuesta.

Alba Romero cortó una raya de tal pureza que se quedó ciego. En lugar del cerro vislumbró una sábana de color vainilla con grumos como nueces, como huevos de dinos, pensó Amaral, aspirando con fuerza para eliminar los restos adheridos a los caños de su nariz, separados por el tabique de platino. Mientras caía a peso hacia el reino de la ilusión dibujó una sonrisa porque se le acababa de ocurrir que tal vez, después de esa noche, existiría un retiro para él, algo así como la cabaña de Singra, un paraje silvestre con caballos y perros donde envejecer junto a la mujer de su vida. Pero ¿quién sería ella? ¿La suya, que iba a acudir al concierto con el tiempo justo para evitar relaciones superfluas con otros promotores, con políticos, con el vacío universo de su marido? ¿Boca de Ángel? ¿Alba Romero? ¿Rebeca Montenegro, hacia la que había canalizado su único, y por cierto que puro, aliento poético?

—Un polvo —imploró.

Estaban en la caseta de producción. Alba comprobó que Vanessa y Collins seguían enfrascados en la revisión de las grapas de acero que sujetaban los tirantes de Galileo, cuya maciza cabeza oscilaba. Se quitó la ropa, espolvoreó su pene con coca y le regaló un placer urgente.

Amaral se desplomó con una mano en la garganta.

Sonó el móvil.

—Te estás congestionando de una manera muy rara, Amaral.

—Exceso de uvas. Ya estoy mejor. Pásame el teléfono. ¿Aló?

—Amaral, Nagen.

—Aló, Ivo.

—Michael exige una segunda prueba de sonido —anunció el mulato desde el Hotel Nacional—. Vamos hacia allá.

—No es posible, Ivo. Abrimos puertas en minutos.

—Repito: vamos hacia allá. Michael quiere ver a Vanessa, ¿entiendes? No olvides mis veinte hombres armados en el escenario. Veinte, Amaral, ni uno menos. O no habrá show.

«Bastardo —masculló el promotor—. Maldito bastardo negro.» Colgó y marcó el número de Elhombre, pero recordó que le había concedido un descanso y llamó a Vanessa. Nagen también acababa de hablar con Collins; habían comenzado a prepararlo todo para la prueba de sonido. «Buena chica», aprobó Amaral antes de marcar el número del jefe de seguridad. No, no iba a ser posible disponer vigilancia armada sobre el escenario. Sólo la policía o la Guardia Civil estaban capacitadas para cubrir ese objetivo. Nervioso, Amaral localizó al general Cavallería. El militar le acusó de labrar su desprestigio; el Estado Mayor había puesto el grito en el cielo con el vídeo del Rey del Pop, que dejaba en ridículo al ejército español. Amaral suspiró y llamó al superintendente de la policía. Eran antiguos conocidos. Aunque desconfiaba de él solía recibir buen trato en sus espectáculos. «¿Veinte hombres armados? ¿Cómo no me advirtió antes?» «Con tantas cosas en la cabeza uno olvida lo principal.» «Ya», murmuró el superintendente.

«Necesito una raya», pensó Amaral, desesperado. Oía su corazón como si dentro de su pecho se arrugara una bolsa de papel. Tuvo que sentarse. Alba alineó un generoso argumento contra el síndrome de abstinencia. Como una avioneta en picado la nariz de Amaral absorbió la mágica cinta de nieve.

Un zumbido les hizo correr hacia el backstage. Tardaron en distinguir al helicóptero.

—Aló, Vanessa —dijo Amaral por el walkie—. ¿Qué coño...?

—Debe de tratarse de Michael. Aguarda... Llaman a Collins. ¿Nagen? Es él, Amaral... No cuelgues.

—Correcto, Van.

—¿No te ponía enfermo ese latiguillo? Es Michael... Nagen llama desde el aire.

—Al helipuerto, rápido.

Las hélices aún esparcían arena sobre la cal viva cuando Jackson descendió de un salto. Llevaba un conjunto de seda amarilla y negra. El aparato había aterrizado cerca del «pájaro» de Flores. El piloto dejó de frotarse las manos con un trapo. «Me está sucediendo a mí», murmuró.

—Hey, Michael —saludó Amaral.

—¿Mis veinte hombres? —le increpó Nagen aferrando sus solapas.

—Quieto, Nagen. Estarán.

—¿Dónde, Vanessa? —preguntó Michael en castellano.

Como una autómata, Boca de Ángel avanzó tres pasos. Amaral supo que era uno de los momentos dichosos de su vida.

No podía hablar. Jacko la invitó a acompañarle a la jaima que albergaba sus camerinos. Sintiéndose Elisabeth Taylor, Vanessa se dejó llevar. Michael le susurró palabras que nadie oyó. Nagen sonreía. Collins sonreía. Lady Lake sonreía. Por encima de su chándal de neopreno y sus casi dos metros Samuel Flores sonreía con la sonrisa de una vaca, pensó Amaral, desesperado por causa de los celos y porque necesitaba una raya. Supuso que, en buena lógica, también él debería sonreír, pero en lugar de hacerlo regresó a la caseta de producción y se encerró con Alba para consumir unos tiros.

Ciegos, escucharon las atronadoras ráfagas de los acordes amplificados por las torres. Michael no apareció en escena. «Está con ella», murmuró Amaral antes de besar la boca delgada de Alba.

Entró Antonio Elhombre. Como si fuera a recoger un premio de la asociación de promotores se había puesto gomina y una camisa azul eléctrico. Olía a una mezcla de Chanel y loción de afeitar.

—Lo siento, no sabía...

—Toma una cerveza, Tony. ¿Recuperado? ¿Llamaste al director?

—Estoy nuevo.

Elhombre hizo un gesto obsceno y guiñó un ojo. Alba se vistió. Amaral devolvió una pasta blancuzca en el lavabo. Podía sentir el pánico como un veneno. Hacía años que no se metía un pico, pero ahora, sobrecogido por el terror escénico, recibió el antiguo mandato.

—¿Abrimos puertas? —le consultó Elhombre.

—Anunciadlo por megafonía. Que pidan calma. Mucha calma.

Amaral salió al valle de Jackson. El busto de Nefertiti encendió su deseo. Habría querido esnifar polvo de estrellas entre la luna y ese sol que parecía una mandarina de Embún. Recogió sus cabellos con una cinta, se puso una gorra y gafas oscuras y, arqueando las piernas como un instructor de equitación, se dirigió a los barracones.

Exhibiendo sus tatuajes y esa expresión suficiente que solía distinguir a la secta de scaffers, obreros semidesnudos se lavaban en las pozas. Olía a sudor, a pies. En los váteres se agrupaban pandillas de islandeses, africanos, checos. Un joven yonqui se picaba en el suelo. Amaral se le acercó con un fajo de billetes. El obrero le miró sin entender, ausente, pero luego él mismo anudó la goma al bíceps del manager y le administró una dosis.

Amaral sintió esfumarse el miedo en una blanda ola. Hartos del paraíso, los dioses burlaron las rejas de la carne. La libertad era una pantalla azul. El lumpen del barracón se benefició de la hermosura de los ángeles. Clavó las uñas en sus muñecas: no sintió dolor ni vio gotear la sangre.

Un océano de psicodelia lo retornó al backstage. Sonaban los móviles, los walkies; era un hombre-alarma, una metáfora. Riendo como un borracho los dejó sonar.

Megafonía anunciaba la apertura de puertas. Amaral subió al escenario por un andamio simulado en una grieta del cerro. Pidió unos prismáticos. Una inabarcable humanidad ingresaba en el valle. Cada uno de aquellos laicos sacerdotes del tercer milenio era cacheado, y escaneada su entrada. Bienvenidos al banquete cibernético, corrían hacia la barrera para copar primeras filas.

En busca de un signo Amaral barrió el cielo. Espantadas por los decibelios, las águilas se habían refugiado en los desfiladeros. Sólo un lento pájaro volaba hacia el monasterio abandonado. «Una cigüeña —infirió Amaral del tamaño y color de sus alas—. ¿Será un montaje de Embún?»

Abrió el colgante en forma de cuerno y consumió la coca que había dentro. Liberó su cabello y avanzó por la pasarela abriendo los brazos a la multitud.

Un grupo de fans le abucheó.

—¡Payaso! —gritó alguien.

Miembros del servicio de orden le hicieron bajar. Estuvo a punto de pegarles cuando le pusieron las manos encima. Jamás usaba tarjeta de identificación. Dijo quién era, amenazó con despedirles, pero nadie le reconoció. A empujones lo alejaron del área del escenario.

Antonio Elhombre le encontró sentado contra una valla. Pudo subirle a un coche eléctrico y trasladarle al bungalow, donde le obligó a tomar una ducha fría, hasta que se fue despejando.

36

Antes de salir del periódico Quintín Racaj me había comentado que, según una de sus gargantas profundas, el fiscal se disponía a actuar de oficio, de un momento a otro, contra Jesús Embún. Al parecer, habían logrado reunir suficientes pruebas.

David vino a buscarme a *El Comercial*. Teniendo en cuenta el trato que le habíamos destinado, las planas de Racaj sobre la corrupción policial y sus conexiones con el tráfico de drogas, fue un detalle por su parte. Daba por supuesto que yo había supervisado el reportaje, pero tuvo la elegancia de no referirse al «caso Embún».

Durante el trayecto hablamos de Natalia. Eróticamente, Singra estaba preso.

Planeaba fugarse con ella. Huirían a México, donde él tenía amigos, gente del PRI con la que había trabajado en oscuras misiones. Si allá no les iba bien, irían a Venezuela o a Costa Rica.

Yo seguía queriéndole como a un hijo. Temí que acabara sacrificando su dignidad por aquella mujer.

Hacía años que no me alejaba tanto del centro de la ciudad. El tráfico me aturdió.

Cientos de coches colapsaban la autopista. Era un atardecer extraño, húmedo y caluroso a la vez.

Tan pronto estaba el cielo despejado como cubierto de nubes.

Atravesamos barrios obreros, pueblos, el ceniciento páramo. Tardamos hora y media en detenernos frente a una alambrada.

Estábamos en medio del desierto. Había uniformes por todas partes. El recinto recordaba un campo de concentración. Al otro lado de las vallas sobresalían enormes torres luminosas y cúpulas de lona como las de los circos de fieras. David mostró a los guardias una acreditación. Pasamos al interior del campamento... Ambulancias, azafatas, ejecutivos extranjeros, coches celulares... Una ciudad bulliciosa, prefabricada, había crecido en esa tierra de nadie. Caminamos por aquellas calles de ficción. Vi tiendas, bares, salas de tatuaje.

El escenario era tan alto y ancho como el propio cerro. Había pantallas, más torres de luz, cortinas doradas con las que se podría haber envuelto un edificio. Focos como panales de colmenas gigantes. Las estatuas eran descomunales, obscenas... me pareció reconocer a Ulises, Lincoln, Mandela, al propio Jackson...

Tony Man me saludó, efusivo. Estaba nervioso, pero muy satisfecho. Los detalles de la producción se hallaban a punto. Amaral, de quien tanto me había hablado, merecería un homenaje. «¿Por qué?», pregunté, aturdido por los ruidos y el aura de los neones.

Entramos a una carpa. El aire acondicionado mitigaba el calor. Gruesas alfombras tapizaban la arena. Nos ofrecieron caviar.

Tony me presentó a George Díaz, de quien me había hablado. Contra la tendencia de Amaral, este promotor no aspiraba a la inmortalidad. Sus ambiciones, me dijo, eran simplemente humanas. Se conformaba con seguir comiendo del mundo del espectáculo. Le pregunté por el balance económico del evento. Calculó que, si realmente se habían vendido todas las entradas, Amaral iba a ganar medio millón de dólares, cifra que no parecía impresionarle.

Saludé a varios diputados y a algún senador de verdad, no como aquel remedo de padre de la patria que apadrinaba Singra. Presenté mis respetos al ministro de Hacienda, un funcionario de rostro redondo.

Embún me sonrió con la misma mueca de escayola con que lo promocionaban los afiches del partido de la cigüeña. Su mujer llevaba un vestido pegado al cuerpo. Me perturbó.

Nos hicimos a un lado para abrir un pasillo ante la Infanta. Más tarde supimos que, introducida por Amaral, acababa de mantener un encuentro con Jackson, en su camerino. La escoltaba un séquito de jóvenes aristócratas. Comimos y bebimos entre focos de televisión y sofisticadas mujeres.

Singra había sido acaparado por Embún, que le hablaba en voz alta, gesticulando, para intentar atraer la atención de la Infanta. Me quedé con Tony Man y una joven compositora, Alba Romero. Esa muchacha tenía un aire a Anaïs Nin. Le agradó que se lo dijera (aunque sospeché que no sabía a quién me refería). Como si me acechara la guadaña de la parca quiso saber si era cierto, según contaba Tony, que yo había gozado de tantas y tan célebres amantes, entre las cuales la Callas. «No me obligue a mentir como un caballero», repuse. Añadí que, debido a mis padecimientos de próstata, en los últimos tiempos venía resignándome a alimentarme sexualmente con historias ajenas. Narraciones originales a partir de la experiencia de mis reporteros, de otros amigos que practicaban la caridad entreteniendo a un inofensivo anciano.

Estreché la mano de Amaral. Vestido de negro, con el cabello largo, mojado, los ojos como platos y un colgante hindú asomándole por los vellos del pecho, ofrecía el aspecto de un gurú. Estaba drogado. Su voz surgía de un cavernoso fondo. Me agradeció el apoyo del periódico. Cuando le pregunté cómo le había sentado el artículo de Racaj, donde se denunciaban las conexiones y los supuestos delitos de Embún, se encogió de hombros: «La política me da asco. Lo hice por dinero y porque Singra avalaba la operación.»

Apoyándome en el bastón recuperé a Singra para dirigirme a la tribuna. Nos siguieron Embún y su bella esposa.

En el acceso a los palcos principales la seguridad era extrema. Jesús Embún nunca llegó a cruzar esa puerta. Agentes judiciales le abordaron con una orden de detención. Hubo una fuerte disputa. Embún derribó a uno de los hombres. Pronto quedó inmovilizado. Cuando le alzaron del suelo tenía las manos sujetas a la espalda con humillantes esposas.

Una mandarina saltó de su bolsillo y fue rodando hasta mí. La pinché con el bastón. Al pasar forcejeando junto a nosotros el candidato exclamó: «¡Sois unos hijos de puta!» «Cornudo», le repliqué suavemente.

Un runner vino en busca de Amaral. El manager se disculpó con el presidente Feyto y con Rebeca Montenegro y se fue arrastrando sus botas vaqueras hacia el backstage. Feyto le había felicitado, accedido a que posaran juntos. La Infanta había visitado con él los camerinos de Jackson.

Era tal el numero de vips que los fotógrafos navegaban en la confusión de la abundancia. Jeques y princesas europeas ocupaban la tribuna central, a cincuenta metros del onírico escenario. Amaral se abría paso entre felicitaciones. «Bienvenido a las grandes ligas», le dijo George Díaz, concentrado en adular a un antiguo dictador sudamericano.

A las diez de la noche se apagaron las luces. Las pantallas de vídeo comenzaron a emitir un resumen en imágenes de la historia de la humanidad. Se abrió una trampilla y, en medio de una explosión de pólvora, un cohete irrumpió en escena. Lentamente giró la portezuela. Un astronauta descendió peldaño a peldaño. La batería de focos hizo refulgir su uniforme sideral. El viajero del espacio se quitó el casco y empezó a cantar. Era Michael Jackson. La muchedumbre bramó.

Amaral dio la vuelta al escenario. Sorteando a los agentes armados que la policía, al fin, había dispuesto, vio a Nagen entre bambalinas. El mulato mascaba chicle abrazado a Vanessa Bocángel. Los celos y el efecto de gran angular de la llanura ocupada por la multitud le produjeron una intensa agorafobia.

Hijos de productores y personajes famosos aguardaban tras los telones con los nervios a flor de piel. Michael los requeriría al final del show. Una secretaria de producción insistía en que no lo tocaran. «Él se acercará a vosotros, pero vosotros no debéis acercaros a él.» Amaral se preguntó si aquellos niños estarían pensando en la gloria, como él, o simplemente en no mojar los pantalones cuando llegara el gran momento. «Todo va a salir de puta madre», se animó jugando con los huesos de los esqueletos de plástico que Michael utilizaría en uno de sus números.

Jacko bailaba como sólo él sabía hacerlo. Al acercarse, impulsado por sus pasos de baile, al ángulo donde ellos estaban, la estrella sonrió. El sudor resbalaba por sus maquilladas mejillas de color arroz.

Nagen quiso que se fundieran en un abrazo, pero Amaral le rechazó. El hombre de Jackson insistió hasta que chocaron las palmas.

—Eres un hijo de la putísima, Ivo.

Nagen acarició la nuca de Vanessa.

—Tienes suerte de que no te haya denunciado por drogota, Amaral.

Según lo previsto, Flores, el piloto, les esperaba calentando hélices. Como generales antes de la batalla, Nagen y Amaral inspeccionaron los sistemas informáticos instalados en el área de producción y, después de rodear la montaña en un coche eléctrico, las rampas de lanzamiento, los fuegos, las carcasas y castillos. El artificiero mayor les garantizó que el hongo nuclear, en el que habían trabajado durante dos meses, ascendería como un sombrero hasta las nubes.

Collins advirtió:

—Once y cuarto. Van a salir los niños.

Nagen y Amaral subieron al helicóptero. El aparato despegó. Para no ser divisado puso rumbo contrario. Luego ascendió, emboscándose en la noche.

Tenían tiempo. Sobrevolaron el desierto. Más allá del valle divisaron las luces de la ciudad.

Sincronizaron relojes con el equipo de producción. Cuando faltaban pocos minutos para la medianoche el helicóptero tomó altura hasta situarse sobre la bolsa de luz que irradiaba el concierto. La nave quedó suspendida a una media milla del escenario. Flores opinó que las nubes debían ocultarles parcialmente. Desde allá arriba las estatuas parecían ídolos de una religión extinguida.

—Un minuto —dijo Nagen; pegó la boca al micro—. Atento, Collins.

El uniforme de Jackson era un punto brillante en la estructura de acero. La potencia del sonido hacía vibrar las ventanillas del helicóptero.

—Diez segundos —dijo Nagen.

—Jacko está advertido —repuso Collins desde tierra—. Podéis bajar a por él.

«Cuatro, tres...», contó mentalmente Amaral. El corazón se le salía del pecho.

—¡Fuego! —gritó Amaral.

—¡Michael! —gritó Nagen.

Un apocalipsis desgarró la oscuridad. Como si un volcán hubiese estallado, el helicóptero recibió una violenta sacudida y comenzó a girar en el interior de un torbellino de gas. El viento era rojo. «Como la noche del Gólgota», pensó Amaral, derribando involuntariamente a Nagen.

—¡Gipsy bastardo! —rugió Nagen—. ¡Ordena el rescate! ¡Piloto!

—Correcto —dijo Flores. El helicóptero zozobraba en un mar de gaseosas nubes, entre cuyos jirones estallaban bengalas, lenguas de fuego.

«Algo ha fallado», pensó Amaral.

La diestra de Nagen sostenía un arma corta. Tenía la cara brillante de sudor.

—Basta de tocarme los huevos, Amaral. Estuve en Vietnam, matando piojos amarillos.

—Debió de ser muy duro.

—¿Quieres probar la medicina que les dábamos a los charlies?

Amaral sintió que el corazón se le paraba en seco.

—Ayuda, Ivo...

—Voy a cargarme a alguien, ¿me estás oyendo?

Una lucecita verde hizo parpadear el receptor-transmisor.

—Aquí, Elhombre. ¿Me escuchan?

Amaral arrancó el micro.

—¡Suelta eso! —ordenó el mulato.

—Escucha Tony. Acabo de sufrir un infarto.

—Yo también, jefe. El gas no asciende. Se va extendiendo a ras de suelo.

—No puedo respirar —tosió Amaral.

—¡El micro! —exigió Nagen.

—Aquí abajo estamos a oscuras. El gas es demasiado denso. Hemos perdido a Michael. Un momento... ¿Amaral? ¿Ese ruido?

Nagen acababa de descargar el tambor contra una de las ventanillas, que saltó hecha añicos. El viento entró como una turbina.

—Ivo está disparando, Tony. Ha perdido el juicio. Cree que estamos rodeados de «charlies». Eres un alienado, Nagen. Vanessa me ha dicho que tienes la polla enana.

—¡Silencio, gipsy!

El piloto se volvió. Estaba lívido.

—Perdonen... Creo que el señor Jackson nos ha hecho una seña. ¿Qué hago?

Amaral llevaba un minuto sin oír su corazón. Encontró una de las píldoras del doctor Musa y la comprimió con la lengua.

Las bengalas provocaban cataratas de chispas. Abajo, a unos doscientos metros, la multitud se adivinaba como una patria. Envuelto en un aura de reflejos dorados, Jackson seguía cantando en el cesto de la cruz hidráulica. Al divisar el helicóptero se giró hacia las hélices. Nagen dio una orden. El aparato se aproximó. Una turbulencia hizo oscilar la cruz. Jacko tuvo que agarrarse a los quitamiedos, pero siguió cantando.

Sobrevino otra explosión. La estatua de JFK se derrumbó sobre el escenario arrastrando una pantalla de vídeo. El público corrió a protegerse. Se sucedieron otras detonaciones. La tierra aparentaba encogerse y estallar.

El helicóptero ascendió con una brusca propulsión. Amaral se pegaba puñetazos en el pecho. Oía su corazón como el motor de una camioneta vieja. «Necesito una raya», pensó, desesperado. De la garganta le brotaba un sordo estertor.

Ahora estaban justo sobre Michael. El piloto logró estabilizar la nave y la hizo descender con suavidad. Nagen sacó medio cuerpo fuera. Jackson agarró sus manos y, de un salto, se izó a bordo. «Es un mutante —pensó Amaral—. Vendrá a recogerle un platillo.» Tuvo un vértigo, como si una succión lo aerotransportase por un conducto donde no gobernaba el tiempo real. Recordó un poema de Kavafis que había leído años atrás, pensó en los muslos de Vanessa, en la...

—Gloria eterna —murmuró.

—¿Con quién hablas, gipsy? —se giró Nagen. Luchando contra el vendaval acababa de cerrar la portezuela y examinaba a Michael, que se había recostado en un asiento—. ¡Piloto! ¡Al aeropuerto, rápido!

—Comandante Rum —articuló Amaral.

—Correcto, señor —repuso el piloto.

—¿Qué es eso, una clave? —se alarmó Nagen.

—Aparta la pistola, por favor.

El tono de Amaral era humilde. «Tenía un aspecto espantoso, como si realmente fuera a palmarla», diría después Flores.

—Me gustaría enseñarte algo, Michael —añadió Amaral, señalando el espacio exterior—. Quisiera hacerte un regalo. Para mostraros mi agradecimiento por todo lo que habéis hecho.

Nagen lo agarró por la melena y le encañonó la frente.

—Nos vas a sacar de aquí, maldito gipsy.

—Te juro por mi hijo...

—¡Tú no tienes hijos!

—Mi mujer está embarazada. Te juro por ese niño que no sucederá nada malo. Dame un minuto. No pido más.

Jackson se encogió de hombros y asintió.

La nave trazó una elipse. Evitando las nubes que seguían disolviéndose en un químico carmín puso rumbo al monasterio abandonado. El gas no se había expandido hasta esas dunas. Al sobrevolar las ruinas Flores envió un código de señales. Esperó a que respondieran desde tierra —abajo se estaban encendiendo luces de colores brillantes— y volvió a tomar altura.

—Mirad —invitó Amaral con gesto majestuoso.

Algo así como una pantalla de copos invadió su visión. Flores diría luego que tuvo la impresión de haber penetrado en un aparato de televisión. De inmediato una muralla de fuego se elevó ante ellos. El cielo, lo que unos segundos antes era el firmamento, empezó a arder en un incendio líquido. Una luz cegadora los envolvió, pero el helicóptero la traspaso fácilmente, sin que ellos sintieran daño o calor.

Nagen había dejado caer la pistola. Miraba con ojos de asombro.

Una lluvia de estrellas fue aplacando la tormenta ígnea. Las columnas de fuego se disolvieron una por una hasta que la oscuridad se bruñó en un lago de oro. Misteriosas burbujas, cada vez más grandes, nacían de su superficie y, transformándose en esferas, flotaban agrupándose en familias planetarias. Michael, entusiasmado, aplaudió.

La Vía Láctea se representó en un universo virtual. Admiraron las órbitas, los satélites. Silenciosos aerolitos pasaron muy cerca. Uno, de pronto, cambió de rumbo y se lanzó contra el helicóptero. El piloto dio un grito de terror. La colisión era inminente, pero nada ocurrió; la imagen los absorbió y se perdió como en un fondo de espejo, permitiéndoles seguir la navegación.

La nave quedó atrapada en una especie de tela de araña. Estelas de plata formaban una tupida malla. Súbitamente esos cuerpos dormidos se convirtieron en estrellas fugaces, en colas de cometas. Cayó una lluvia blanca. Tras ella, un gigantesco arcoiris anunció que arribaban a un mundo distinto. La superficie de una estrella muerta, con sus cráteres y lagos de ceniza, se fue iluminando tenuemente.

—¿Os gusta? —preguntó Amaral—. Se me ocurrió un día jugando con mis caleidoscopios.

Nagen contemplaba el espectáculo con la mandíbula floja.

—Nunca había visto nada igual. Es un gran show. Grande de verdad.

—¿Dónde, Vanessa? —preguntó Michael.

Una bola de mercurio incandescente se elevó frente a ellos. La luz era tan fuerte que parecía de día.

—Es la luna llena —explicó Amaral—. Encargué que la diseñaran, por si la auténtica no lucía esta noche. El espectáculo funciona a base de ordenadores y proyectores telescópicos. Dura un cuarto de hora. Cuesta medio millón de dólares. Más o menos lo que pensaba ganar con el concierto del siglo. Pensé que sería una bonita manera de deciros adiós.

—Hermano —se enterneció Nagen—. Siento si antes...

—No tiene importancia. Estaba todo previsto, menos el factor humano. —Jadeando, Amaral señaló su corazón—. Acordaros de mí para la próxima producción.

—Será un gran show. Tan grande como el de esta noche —dijo Nagen.

—*I promise you* —dijo Jackson.

El universo de Amaral se iba consumiendo en cibernéticos rescoldos. Con el tono de quien acaba de emerger de un profundo sueño Flores preguntó si alguien necesitaba auxilio médico.

Sobrevolaron el escenario. Por el movimiento de masas Amaral dedujo que el público huía hacia las puertas de salida. Asaltada por grupos de espectadores histéricos la alambrada cedía en algunos puntos. El manager intentó en vano recordar si el seguro cubriría una tragedia como la que podía producirse si la muchedumbre bloqueaba alguna entrada.

—¿Y esta lluvia, Amaral —preguntó Nagen— también es un milagro tuyo?

—Mi magia se acabó —sonrió tristemente Amaral—. Mañana tendré que enfrentarme a las facturas y a un furioso consejo de administración. Y al deber de seguir soportando la mísera realidad.

La lluvia arreció a medida que se acercaban al aeropuerto. Flores obtuvo permiso para aterrizar en una de las pistas próximas al *King of the Pop*, que aguardaba con las luces encendidas.

Bajaron del helicóptero. Amaral les acompañó hasta las escalerillas del Boeing. Unos cuantos fotógrafos aparecieron corriendo por la esquina de un hangar.

—Daos prisa —dijo Amaral; llovía a ráfagas.

—Chao, hermano —dijo Nagen.

—Os llamaré a Sidney.

—Estaremos allí dentro de veintidós horas. No recuerdo el nombre del hotel. ¿Qué importa? Ya nos veremos.

—Chao —sonrió Amaral.

—¡Cuidado con el corazón y con las mujeres! —le gritó el mulato desde lo alto de la escalerilla.

Amaral permaneció inmóvil bajo la lluvia. Los fotógrafos se arremolinaron a su alrededor, pero la estrella no era él. El Boeing calentaba motores. Su morro se movió y empezó a girar sobre sus anchas ruedas. El perfil de Michael se recortó en un ojo de buey. Saludó. Un último haz de flashes persiguió la estela del avión. El *King of the Pop* se elevó entre cortinas de agua. Unos segundos después había desaparecido.

La lluvia resbalaba por el cabello del promotor, completamente empapado. Uno de los reporteros le preguntó cuánto había ganado o perdido. No quiso contestar.

Regresó al helicóptero. El piloto había apagado el motor. Amaral subió a la cabina.

—Despegando —ordenó.

—¿Cómo?

—Ruta: Valle de Jackson.

Flores se rebeló.

—Apenas hay combustible. Y fíjese en el tiempo.

—¿No le pago? Quiero comprobar los daños. Aterrizaremos en el backstage.

Flores protestó. Amaral sacó un talonario, arrancó un cheque y lo firmó.

—Ponga usted la cifra. Mañana se lo pagarán en mi banco.

Flores guardó el talón. El pesado pájaro se alzó entre vapor. Llovía torrencialmente. El piloto optó por ganar altura con rapidez. Una avioneta que debía de estar iniciando un aterrizaje de emergencia cruzó a un cuarto de milla. Detrás de las pantallas de agua el cielo era una boca oscura.

Cuando se aproximaban al desierto un rayo los alarmó. Flores tuvo que aferrarse a los mandos para no perder el control.

—Tormenta eléctrica —masculló—. Faltaba algo para completar la función. El backstage está allá abajo. ¿Aterrizo?

—¿Abandonar ahora? ¡Atraviese la tormenta!

—¡Maldito drogadicto! ¿Se ha vuelto loco?

—Ponga la cifra, Flores.

—¡Suelte los mandos! ¡Haré que lo encierren!

Amaral se había abalanzado sobre la espalda del piloto. Agarró el timón y extendió la mano libre hacia el tablero de control.

—¡Energía! ¡Quiero sentir relámpagos! ¡Luz, luz...!

El piloto intentaba apartarle.

—¡Nos vamos a matar, por Dios!

—¡Sí, a ti, al de ahí arriba! —gritó Amaral, fuera de sí—. ¡Enséñame tus trucos! ¡Muéstrame tu show!

El helicóptero, ascendiendo verticalmente, desafiaba el epicentro de la tormenta. Los rayos silbaban a su alrededor como serpientes de fuego. El viento irrumpía por la ventanilla rota. Aunque apenas tenían espacio para moverse, los dos hombres se habían enredado en una cerrada lucha. Flores admitiría después que se arrancó los cascos y golpeó la cabeza del promotor hasta hacerle sangrar. Pero Amaral no parecía sentir nada. Hasta que, de pronto, su mirada perdió vida. Flores aprovechó para estabilizar el rumbo. Junto a la suya, la cabeza de Amaral colgaba como un despojo. Lo último que el piloto le oyó decir, tras unas cuantas incoherencias sobre la resurrección de los muertos, fue:

—Que alguien me lleve al hotel. Un masaje. Consulta con el doctor Musa.

Singra y yo vimos el accidente.

A diferencia de las autoridades, que fueron evacuadas en cuanto la emisión de gas aparentó revestir peligro, no nos habíamos movido de la tribuna. Yo me negué a abandonar el recinto mientras hubiese riesgo de aplastamiento. Y, aunque alrededor del escenario no se distinguía apenas a nadie, sólo a unos cuantos técnicos recogiendo equipos, preferí esperar a que la multitud encontrara el camino de vuelta por las carreteras del desierto. Singra había cogido una sombrilla publicitaria que nos protegía como un paraguas.

Volando demasiado bajo el helicóptero pasó rozando las torres de luz, casi invisibles entre la niebla rojiza. Como un meteoro arrasó a Nostradamus. La hélice segó el cuello de cartón-piedra de la estatua. Por un momento pensé que era otro truco, pero el aparato hizo una pirueta, golpeó el farallón y, envuelto en llamas, cayó justo delante del escenario. Rebotó una, dos veces, y se hizo añicos contra las columnas de amplificadores.

Singra corrió hacia el siniestro. Yo me acerqué a mi paso, apoyándome en el bastón. La unidad de bomberos se había mantenido en su puesto. Dos hombres con trajes de amianto se introdujeron entre los hierros de la cabina. Sacaron a Flores, que temblaba. Al cabo de un rato, envuelto en sus negras ropas, rescataron a Amaral.

El manager tenía carbonizada la mitad de la cara. Vanessa dijo que era su mujer y partió con él en una ambulancia.

Un destello azul se fue alejando por la pista de tierra.

Natalia Embún y David J. Singra se miraron a través de la lluvia. Olía a pólvora. Ella estaba de pie, sola, en medio del barro. Latas y restos de comida flotaban en los charcos. Consulté mi reloj de bolsillo. Habíamos consumido una hora del tercer milenio. Detuve a Singra.

—Te ofrezco una mesa y un teléfono —le dije—. Mucho más de lo que tienes ahora.

—Es tarde para volver a empezar.

—Esa mujer te hundirá —susurré.

—Supongo —sonrió.

Ella subió a nuestro coche. Se instaló en el asiento de atrás. Todo el rato, mientras regresábamos a la ciudad, estuvo cerca de mí, hablándome de Singra, de cómo odiaban ambos a Embún, de lo felices que iban a ser en México, sin él.

Singra me dejó en la puerta del periódico. Les dije adiós con el puño del bastón. Por la luna del coche, Natalia me dedicó una última sonrisa.

Subí trabajosamente las escaleras hasta la sala de redacción, mi segundo hogar. Una tristeza me embargaba, pero no sabía por qué. Al fin y al cabo mi existencia era eso, gente que entraba y salía de un periódico, gente que contaba lo que hacía otra gente.

Encargué café, ajusté mi visera y me puse a escribir una columna para el día siguiente.

Biografía

De raíces aragonesas y andaluzas, Juan Bolea nació en Cádiz en 1959. Licenciado en Geografía e Historia, ejerce el periodismo desde hace dos décadas. Su obra narrativa arranca con *El palacio de los jardines oblicuos* (Premio Ciudad de Alcalá de Novela Corta) y prosigue con dos novelas muy bien acogidas por la crítica: *Mulata*, ambientada en la Cuba de Castro, y *El color del Índico*, cuya historia transcurre en escenarios africanos. Como independiente, fue concejal de Cultura del Ayuntamiento de Zaragoza. Durante su mandato promovió grandes conciertos de rock, de cuya experiencia, hábilmente fabulada, se nutre en parte *El manager*.

Otros títulos de la colección

El último reducto
Patricia D. Cornwell

El señor del caos
Jonathan Rabb

El mozárabe
Jesús Sánchez Adalid

La piel del cielo
Elena Poniatowska

Amores patológicos
Nuria Barrios

El periodismo canalla y otros artículos
Tom Wolfe

Gálvez en la frontera
Jorge Martínez Reverte

Regiones devastadas
Enriqueta Antolín

Eva Perón. La biografía
Alice Dujovne

Un peso en el mundo
José María Guelbenzu

La caverna de las ideas
José Carlos Somoza

El bailarín de la muerte
Jeffery Deaver